读中国茶

一杯茶里那一串热闹和门道

徐绯 编著

上海科学技术出版社

图书在版编目（CIP）数据

品读中国茶/徐绯编著. —上海：上海科学技术出版社，2013.11
ISBN 978-7-5478-1941-8
Ⅰ.①品… Ⅱ.①徐… Ⅲ.①茶叶-文化-中国 Ⅳ.①TS971

中国版本图书馆CIP数据核字（2013）第199925号

上海科学技术出版社出版
中国图书进出口上海公司发行
(上海钦州南路71号　邮政编码200235)
XXXXXXXXX印刷　新华书店上海发行所经销
开本 787×1 092　1/16　印张 9　字数 146千字
2013年11月第1版　2013年11月第1次印刷
ISBN 978-7-5478-1941-8/TS·138

本书如有缺页、错装或坏损等严重质量问题，请向工厂联系调换

前言 Preface

2006年,我和校友陈瑛在沪开办国际茶学课程,次年她回杭,品饮体验转由刘似瑛主泡。教学是双向过程,因文化背景不同,我们知其然的,外籍学员要刨根问底;我们津津乐道的,他们缺乏共鸣……课程编排因而不断调整,更科学实用国际化。2008年,教学材料的累积加上与国外茶界的互动,使我萌生写一本中国茶实用英文手册的念头,一来作为课程补充阅读材料,二来让海外茶叶从业者正确了解中国茶,后者的专业知识偏重红茶,对绿茶和其他茶类了解很不够,甚至不时存在误区,需要正本清源的标准。

饮水思源,手册便从中国茶历史开始,尽量以平衡的第三方视角完整展现历代饮茶风貌和茶业发展史;浓缩众多文人墨客的锦上添花,深挖涉及民生的税收、市井消费、趣闻轶事等社会原生态。生活经济类史料多散见于各种古籍,溯源和考据花的时间远超出预计;其中改革频繁、细节纷呈且观点各异的榷茶制度梳理起来更是繁琐,要理出主干和关键细节颇费一番功夫,真心拜服古人的经济头脑。

为免以讹传讹和断章取义,引文资料都尽量追溯原著,或结合旁证,或阅读上下文确认。比如,"神农尝百草,日遇七十二毒,得茶而解之"这句耳熟能详的话在《神农本草》并不存在。首章和后面各茶类起源篇幅的写作像做串联证据链的历史拼图,为了便于把握时间脉络和历史背景,年代转换公元,相关民俗、地理等则做简介。

2009年,我前往新加坡,写作曾停顿一段,与海外茶界人士接触多了,在篇章侧重点上又有所调整。例如,缩简加工内容,以基础冲泡要点取代实用茶艺等。2012年3月开始,A Practical Guide to Chinese Tea 这本手册在国际茶与咖啡贸易杂志 STiR Tea & Coffee Industry Bimonthly 上连载。STiR 是全球发行的英文期刊,附有针对中文区读者的中文摘要,其编译是我,中文标题便意译成《中国茶纵横谈》。

2012年9月，上海科学技术出版社编辑周星娣女士（我学长）从STiR Tea & Coffee Industry Bimonthly 中了解到我的这本英文手册，经商量决定以中文版在国内出版，并提议书名改为《品读中国茶》。当年10月开始中文写作，按中文区读者的文化背景和阅读习惯对内容有所调整，去掉大众熟悉的常识，增加人文细节，补充对中国茶业的个人浅见等等。赶文期间外子对我时常性的心不在焉和"宅而不出"多有包涵，十分心领。

本书付梓首先要感谢周星娣学长，不是她，《品读中国茶》现在只有一段段中文摘要，不是本完整的书。此外，还要感谢以下给予帮助和支持的师友们：

浙江大学茶学系茶叶质量评价实验室，中国茶图录中的名优茶茶样和审评术语绝大部分由茶学系龚淑英教授和张颖彬老师整理提供。

上海天坛国际贸易有限公司，中国茶图录中外销大宗茶样由其提供。

沪上摄影师茶友刘亦兵，中国茶图录中所有茶样照片和文中部分摄影插图是其作品。

杭州雅叶集茶馆陈瑛，这位资深茶艺师在沪期间分享了很多茶艺手法和心得，书中漂亮的DIY花草茶出自她的创意配制，部分茶艺照片由她提供。

上海市茶叶进出口公司黄汉庆先生、安徽国润茶业有限公司殷天霁先生、福鼎茶办林乃设先生、黄山工艺茶汪潇先生等茶界人士，本书部分插图选用他们提供的照片，或者采用他们提供的样品拍摄。

中国茶叶博物馆网站和其他公共网站，本书大部分古代茶具插图来自前者，部分选自后者。

还有一些润物细无声的人，我读茶叶生物化学研究生时的硕导浙江大学茶学系杨贤强教授，他曾批评我第一篇读书报告引文不认真、考据不严谨，当时不服气，现在很服气。我那位颇具江南文人风格的先祖父，其言教身传启蒙了我对文学艺术的鉴赏与感应力，他颇喜以紫砂壶饮茶，儿时的我曾被牵着去茶店购买新春龙井、炒青和祁红，后来选了茶学系未尝没有潜意识的影响。从小到大教过我的各位教书育人的老师们。

最后谢谢亲爱的读者们，在浅阅读的时代拿起这本有趣有料的综合性茶书。

编著者
2013年6月

目录 Contents

第一章　中国茶历史 ... 1
　源起：从药食兼用到日常饮品 ... 2
　兴旺：茶为国饮、陆羽《茶经》、茶税开征 ... 6
　昌盛：龙凤团、点茶法、茶风尚 ... 12
　经济：茶专卖制度与茶马法 ... 21
　格致：一则圣旨加速的茶业演义 ... 25

第二章　中国茶现况 ... 33
　茶类与茶区 ... 34
　茶季与茶名 ... 39
　茶业供应链 ... 43
　泡茶方法论 ... 47
　茶风与茗俗 ... 55

第三章　绿茶：源远流长的经典 ... 61
　中国绿茶工艺 ... 62
　中国绿茶源流 ... 63
　中国绿茶分类 ... 64
　中国绿茶特色 ... 65
　中国绿茶品饮 ... 67
　中国绿茶图录 ... 70

第四章　茉莉花茶：东方典雅的芬芳 ... 77
　中国茉莉花茶工艺 ... 78
　中国茉莉花茶溯源 ... 80
　中国茉莉花茶和其他各种"花"茶 ... 81
　中国茉莉花茶品饮 ... 82
　中国茉莉花茶图录 ... 84
　好看好喝的自由创意花草茶 ... 85

第五章　红茶：墙内开花墙外香 ... 87
　中国红茶工艺 ... 88
　中国红茶初始 ... 88

中国红茶崛起　　90
　　中国红茶分类　　92
　　中国红茶品饮　　94
　　中国红茶图录　　96

第六章　青茶：制作品饮皆功夫　　97
　　中国青茶工艺　　98
　　中国青茶考究　　99
　　中国青茶分类　　101
　　中国青茶品饮　　102
　　功夫泡法　　104
　　中国青茶图录　　106

第七章　白茶：复古也能成时尚　　111
　　中国白茶工艺　　112
　　中国白茶来历　　112
　　中国白茶分类　　113
　　中国白茶品饮　　114
　　中国白茶图录　　115

第八章　黄茶：失败乃成功之母　　117
　　中国黄茶工艺　　118
　　中国黄茶起源　　118
　　中国黄茶分类　　119
　　中国黄茶品饮　　119
　　中国黄茶图录　　119

第九章　黑茶：茶马交易硬通货　　120
　　中国黑茶工艺　　121
　　中国黑茶滥觞　　121
　　中国黑茶分类　　124
　　中国黑茶品饮　　125
　　中国黑茶图录　　127

第十章　普洱茶：彩云之南土特产　　128
　　中国普洱茶工艺　　129
　　中国普洱茶之乡云南　　130
　　中国普洱茶今昔　　131
　　中国普洱茶类别　　134
　　中国普洱茶品饮　　135

第一章

中国茶历史

从来佳茗似佳人。

——北宋文学家苏东坡佳句

源起：从药食兼用到日常饮品

茶是以茶树芽叶加工制作的嗜好性饮品，饮用率仅次于水，是世界第二大饮品。中国是茶工艺与茶文化的发源地，有最早的品饮记录、最丰富的茶品、最多样化的加工手段。对大部分国人而言，茶不仅仅是生活中常见的日常饮料，还包含着特殊的人文和审美意义。

远古传说

茶树原产地在中国西南部云贵川地区。野生茶树未经人为修剪，通常可长成高大的乔木，树高最高可达十米以上。云南境内古茶树群落最多，迄今发现的最老的野生茶树就在那里。中国神话故事把茶的发现与应用归功于神农氏。传说中，神农是天上神龙与人间女娲后裔女登之子，是农耕与中医药学的祖师爷。大约公元前2700多年时，神农领导的部落因为掌握了当时先进的农耕技术和中医药知识，成为生产力水平最高、衣食健康保障最好、最繁荣兴旺的大部落。

神农氏发现并利用茶有两个版本的传说。一说，神农外出采药，歇息在一棵大树下煮水解渴，水快开时，树上有数片绿叶飘落水锅里，与叶子一起煮开的水闻上去、喝起来味道不错，更解渴，又能提神。另一说是大家耳熟能详的"神农尝百草，日遇七十二毒，得茶而解之"，神农尝百草是为了鉴别其药用性能，尝草过程中难免试到有毒的植物；传说神农有次食到毒草，口苦舌麻、神智混沌地靠倒在一棵大树下，有数片绿叶飘落到他手上，神农下意识地放进嘴里咀嚼，渐渐觉得口舌生津，头脑慢慢恢复清醒。两个传说一个提及生津提神功能，一个偏重解毒药理作用，那个解渴醒神、排毒生津的叶片便是茶叶，从此成为神农氏推荐的饮品或药品。不过，传说中神农最终死于毒性剧烈的断肠草，茶叶解毒主要是针对轻度食物中毒，并非特效解毒剂，《神农本草》中没有列入茶叶。

流传更广的神农氏"得茶而解之"传说，以及考古

木刻神农氏尝百草

学、人类学相关发现均指向茶的药食兼性，最初茶于饮食之外兼备药用的可能性非常大。古人以干嚼鲜叶或烹煮汤饮的方式治疗腹泻、食物中毒、消化不良等肠胃道疾病与不适；或者将茶叶碾碎当涂敷料处理外伤，以抑制发炎加速康复。此外，茶叶还被腌制食用，掺入谷物煮粥，同其他食材烹炒等等。古人发现饮用烹煮的茶汤不但生津止渴、振奋精神，还能避免饮用生水而导致的肠胃道疾病，随着时间的推移、生产力的提高和生活物质的丰富，茶逐渐成为具有保健养身功效的日常饮品。

巴蜀领先

巴蜀地区是茶文化的滥觞，是史载最早普及茶饮生活的地区。约成书于公元 350 年的晋代《华阳国志》记载，公元前 1046 年左右，巴地向周武王上贡特产，茶是特产之一。公元前 59 年，四川一份奴仆买卖契书《僮约》中列有"烹茶净具"和"武阳买茶"的条款，要求新买的奴仆在待客酒食快撤席时奉上烹煮好的茶汤，以及到武阳购茶补给。以此推测，茶从汉代（公元前 206~ 公元 220 年）某个时

《僮约》：世上最怪、最啰嗦的奴仆买卖契书

《僮约》是汉代学者王褒为一个不合常规的奴仆写下的一份不同寻常的奴隶买卖契约，来历大约如下：

公元前 59 年，四川资中人王褒去到成都，顺道拜访一位故友遗孀（也有说王是寄住在开民宿的寡妇家）。汉代男女大防不如后世严密，名叫杨惠的寡妇招待王褒吃饭。杨惠家没酒，王褒便托她家那位名叫便了的大胡子奴仆去沽酒，不料竟当场讨个没趣。便了听了王褒的吩咐，操起一根棍子（当哭丧棒？），冲到死去男主人的坟头嚎哭道，"大夫当初买便了是为了看守门户，不是为了给别家男人买酒"。

王褒被这极富隐射的话气坏了，他问杨惠卖不卖这个奴仆？杨惠回答说这个刺头奴仆太难卖了，一直没找到买主。王褒遂要求买下便了。

订立买卖契书时，便了挑衅道，"要我干的活，都得在契书上写明细，契书上没写的活，叫我做也是不会做的。"王褒同意了，挥毫写下一份与众不同的契书。该契书异常详尽、巨细无遗地罗列出便了到王家需干的内勤外务，写完后读给便了一听，便了吓趴了。

便了完全没想到王褒即兴提笔能列出如此详尽的家务清单，宅内田里、晨昏昼夜、春夏秋冬无所不至。原想为难一把新主人，却反给自己设了套，便了立刻跪地求饶，眼泪鼻涕一大把地磕头如捣蒜，哭求到，"如果真按大夫契书上写的那么干，便了不如早日归黄土，让蚯蚓钻死尸罢了。早知如此，当初就该替王大夫沽酒，不敢黑脸扮恶人了。"

四川雅安蒙山上相传为吴理真居住过的石屋

期开始已是巴蜀地区待客的日常饮品。

古代巴蜀地区不光最先兴起饮茶风尚，也最早人工栽培茶树。民间传说汉代的吴理真是当地最早的种茶者，大约公元前53年到前50年之间，吴在蒙山顶上种下采自山野并经精选的茶籽，成功种植出一片茶树。1186年，宋代皇帝按此传说追封吴理真为"甘露普惠妙济大师"。历史上吴理真是否确有其人，以及他到底是不是一位出家人，已无从考证。吴被奉为人工栽培茶树的始祖，但野生茶树的驯化栽培工作不是一个人的功劳；巴蜀地区茶饮消费流行后，野生茶树因分布散漫、采收麻烦、产量不恒定等原因跟不上市场需求，当地先民开始试着人工种，茶树驯化栽培和良种孕育的成功是早期数代人集体智慧的结晶。

南方嗜好

3世纪的晋代（公元265～420年），茶树栽培区域已从巴蜀沿长江下溯扩散至长江中下游地区以及东南沿海，茶成为中国南方贵族、士大夫等喜好的非酒精类饮品。北方地区气候寒冷，茶树无法成活，而且当时交通状况颇为落后，南北运输不便。北人很少看到产自南方的茶，日常主要喝的非酒精类饮品是乳饮。

晋人好酒，偶像级别的竹林七闲清谈伴狂的最佳伴侣就是酒。才华难学，喝酒好仿，相当多的晋人染上酗酒过度的毛病，肆意借酒撒疯的人群中不乏当时的名士。中国酒大多以谷物酿制，饮酒成风后，制酒业成为粮食消耗大户，是国家粮食安全储备的一大隐患。为解决嗜酒引发的系列社会经济问题，有识之士开始宣传以茶代酒，茶有提神振奋之利，无乱性伤身之弊，也不会影响粮食储备，堪称最佳替代品。推广活动中，茶被赋予简朴自律的象征意义，一些崇尚廉洁的人士也开始用简单的茶果（茶饮与小食，古代称小食为果子）代替隆重的酒宴来招待客人，并受到时人称赞。

南北朝（公元420~589年）齐武帝（公元440~493年）遗诏在其灵前废弃传统的宰杀牲畜祭祀，改以简单的饼、茶饮、干饭、酒、肉干当祭品，茶从此成为受官方肯定的廉洁祭品。古人重祭祀，成为官方祭品的茶其地位得到了进一步的提高，经多年宣传倡议和榜样的以身作则，国人对茶的看法升华到了灵的高度，饮茶之风在此后数个世纪继续发扬光大，茶成为南方地区的日常饮品。北方由于无法种植、南北交通不便等原因，茶的普及度一直较低，直到8世纪的唐代，茶才克服地区障碍成为风靡全国的饮品。

伴随着茶饮消费的兴起，是茶叶加工雏形的出现和发展。最早、最粗浅的做法大概是将采下的鲜叶晒干或者烤干，以便长期保存，后来为了节省运输和存放空间，干燥的茶叶被压制成饼状或其他紧压状态。3世纪的《广雅》是我国最早的一本百科类词典，也是最早提到饼茶制饮的古籍。《广雅》茶词条注释道"荆巴间采茶做饼，叶老者以米膏出之"，说明当时湖北、四川一带已把茶做成茶饼消费，虽未谈及具体加工方法，但提到粗老叶片压饼时需加米浆水帮助粘合，这与粗老叶片含水量低、不易粘合成型有关。

该词条也提及此茶饼的饮用方法，"若饮先炙令色赤，捣末置瓷器中，以汤浇覆之，用姜葱芼之"；喝时先把茶饼烤到呈棕红色（降湿提香），捣成茶末（提高浸出率），放到瓷器中加热水和调味用姜葱一起泡饮。《广雅》注明这种饮料能醒酒、喝了不打瞌睡。用姜葱类气味浓重的香辛料除了解表发散之外，还能掩盖原始饼茶浓厚的青草气，让茶饮变得较顺口。随着制茶技术的进步，后世茶品的青草气有显著改善，用浓味香辛料调味的喝法便被淘汰了。

早期饮茶风貌

南人篇：以茶代酒

三国末期，地处东南的吴国（公元222~280年）的末代皇帝孙皓（公元242~284年）性喜宴饮。此人信奉独乐乐不如众乐乐，动辄召集大臣从白昼吃喝到黑夜，他要求宴席上所有的人至少得喝七升酒，喝不了硬灌。大臣韦曜只有两升的量，孙皓看在韦曾是先皇帝师的份上，给他开了个后门，让内侍给韦曜上酒时偷偷换成茶。这一殊荣一直持续到韦曜失宠，尽显暴君本色的孙皓把他关进监狱处决，印证了伴君如伴虎的常识。

大江东去，浪淘尽，千古风流人物，"以茶代酒"却流传了下来，成为酒席上酒力不支或无法饮酒者应对殷勤劝酒的最佳回答。

北人篇：水厄

山西人王濛（公元309~347年）是晋代知名书法家，官至司徒长史，相当于管理民政的丞相。永嘉之乱首都洛阳沦陷，晋朝于公元317年迁都健康（现南京），朝廷官员中占主导地位的是衣冠南渡的中原士族。王濛虽是北人，却爱上了南方的茶饮。他也是个喜欢众乐乐的，每每有客拜访，非请人一起喝茶。王濛同僚中南渡北人众多，他们觉得陪长史大人喝茶真是太痛苦了！每当有事不得不拜访王濛，心有戚戚焉的同僚们相互吐槽道，"今天要轮到我去遭水灾（水厄）了"。

水厄典故说明，直至4世纪时，北人，哪怕是已南迁了几十年的北人仍不怎么习惯茶这个当时南方的流行饮品。

兴旺：茶为国饮、陆羽《茶经》、茶税开征

方外人引方内潮

8世纪的唐代（公元618~907年），饮茶已成全国性嗜好。茶饮在北方的普及得益于释、道两教在唐代井喷式的发展和隋代大运河建成后带来的南北交通便利。佛教和道教均推崇悟道修行，坐禅是佛教特别是禅宗修行的必备功课，讲究专注一境，以过午不食等辅助手段帮助冥想入定；道教推崇辟谷练气，静坐吐纳也是必修课。饮茶可消除疲劳、驱除睡意、提高专注力，喝多了有轻微的兴奋作用，遂成为僧侣道士以及学道学佛者推崇的妙品。当时北方有大量禅宗信徒，纷纷跟风饮茶，不少人自带煮茶器皿，走到哪儿喝到哪儿，白天喝晚上喝，喝着喝着，饮茶在北方从时髦变成习惯，还扩散传播到塞外地区。

达摩眼皮说

达摩被奉为中国禅宗始祖。传说其为印度僧，南北朝（公元420~589年）时期来中国传教。达摩先到位于南方的南齐，未获当时国君的欣赏，便渡江北上去北方的北魏，最后落脚嵩山少林寺。

达摩为了弘法，发愿在寺后山洞面壁九年修行。第三年时，他在入定时瞌睡了，醒后不满瞌睡破坏修行，撕下眼皮扔到地上。眼皮落地处出现一株青翠幼苗，长成一棵茶树。之后的几年里，达摩入定时再未瞌睡，直到最后一年，他在入定时感觉昏然欲睡，采下茶叶咀嚼，甘苦的茶汁让他保持清醒，没有瞌睡。

这个传说反应了茶与禅宗修行的密切关系。古代不少寺院都在寺庙周边种植茶树，僧众采制茶叶以供自用和待客。即使到了现代，仍有部分寺院保有自有茶园。

茶于8世纪成为大唐全民日常饮品后，其重要性不亚于日常必需品米与盐。茶树种植范围进一步扩大，已非常接近现代中国茶区的分布，产量足以应付庞大帝国的日常饮用，还能外销塞外和境外。唐代首都长安（现西安）和其他北方城市的街头出现不少茶铺，投币即可喝上一碗热茶，非常方便。北方消费之茶大多来自茶业经济发达、水网密布与大运河相连的江淮地区，由于北地需求量大，南北茶叶贸易十分兴旺。隋代（公元581~619年）修通的京杭大运河大大方便了南北交通与货运，是南茶北输的重要物流干道。在这条世界最长的人工大运河上，唐代货船载着江淮之茶北上，品种繁多的茶品在码头堆积成山，运到北方口岸的茶被发往北方内陆各地甚至远至塞外。白居易名篇《琵

萧翼赚兰亭图 7世纪唐代画家阎立本作，图左二仆正煮茶招待由两位和尚作陪的访客萧翼

琶行》中，浔阳（今九江）江头遇到的那位"老大嫁做商人妇"的琵琶女曾抱怨，她那个重利轻别离的老公前月到浮梁买茶至今未回，浮梁正是唐代江南一个主要的茶叶集散地。塞外游牧民族把茶作为生活必需品，他们通常用中原人喜欢的马匹交换茶，民间茶马交易开始在边境地区萌芽。

北方内陆各地众多饮茶爱好者中也包括唐代皇室，皇家要求各产茶区上贡好茶以满足宫廷需求。公元770年，第一座皇家御茶园在浙北长兴县的顾渚山脚建立，专为宫廷特制御茶。顾渚是唐代最知名的名茶产区，其紫笋茶广受推崇，顾渚御茶园鼎盛时期有30座茶院，雇佣约13 000名制茶工。每年，御茶园要派专人快马赶在清明前把当年新茶送至皇城长安，保证皇家历年的清明宴上有新茶供应。

饮而优则茶道出

世界最早的茶学专著《茶经》是在唐代全国大兴茶饮的基础上孕育的茶文化结晶。《茶经》作者陆羽（公元733~804年）从公元760年起着手编写该书，前后花了近20年时间收集资料，游学各地茶区实地采风。公元780年，《茶经》正式出版，即受热烈追捧，被广泛传抄，此后多次再版发行。陆羽《茶经》首次系统地介绍了茶这个国饮，将饮茶从日常生活习惯升华为独特的茶道文化，奠定了中华茶文化的基石，陆羽因此被尊为茶圣。

陆羽在"三之造"中对唐代饼茶的采制法介绍颇详：饼茶采于农历二至四月份的晴天，采下的鲜叶先蒸后捣，继而填入圆形、方形或者其他花形的铁制茶模中拍实成型，然后取出焙干，在干燥的饼茶中央穿刺一小孔，以竹丝或者树皮绳像串铜板那样把同型饼茶串联起来，封裹好待售。从《茶经》内容分析，当时

杭州中国茶叶博物馆外茶圣陆羽塑像

的饼茶属于春茶紧压茶，压制形状颇多，不像现代那样特指圆饼状茶。其制法表明，唐代已采用蒸汽高温处理鲜叶来保持叶色青翠和散发青草气，这种高温处理鲜叶以固色脱臭的做法后称"杀青"，蒸汽杀青的茶称蒸青茶，属绿茶类。

陆羽在"六之饮"中提到，当时饮用的茶类有饼茶、粗茶、散茶和末茶四类。他没介绍后面三类茶的制法，结合制茶原理和深受中国蒸青法影响的日本茶类分析，粗茶可能是夏秋茶制作的低档蒸青茶（可能饼、散兼有），散茶是蒸后略捣再焙干或者蒸后直接焙干的散叶状春茶，末茶类似抹茶，是散茶研磨成细末以省略饮前研磨步骤的便捷式春茶。唐代四类茶品中，粗茶因多为下层低收入者饮用而不入流，饼茶便于运输保存，成为当时交通状况下的主流茶品，故陆羽对其着墨最多。

饼茶通常成串贩运，分大穿、中穿、小穿三种茶串规格。不同产区的茶穿其单位重量有区域性计量差异：《茶经》记载江东（今苏南浙北及周边）茶穿体积小巧，大穿重一斤，中穿半斤，小穿四五两；峡中（今川东鄂西及周边）茶穿是大块头，大穿一百二十斤，中穿八十斤，小穿五十斤。峡中地区山脉起伏地势崎岖，该茶区地理位置靠近边塞，是西北疆游牧民族日常用茶主要供货区。大块头茶穿搬运相对快捷，既能提高长途运输效率，也易防止偷盗和减少运输损耗。

《茶经》首次完整系统地介绍了历史上的茶史茶事和唐代的茶业全貌，还创造性地把煮茶与饮茶提升到人文艺术的高度，总结出融合"释、儒、道"精华的中国茶道。陆羽花了两个章节论述茶道，"四之器"介绍了全

茶经卷目注释

第一卷

一之源：茶之起源

二之具：制茶器具

三之造：采制之道

第二卷

四之器：茶道器具

第三卷

五之煮：煮茶正道

六之饮：饮茶习俗

七之事：茶事典故

八之出：茶区评鉴

九之略：因地制宜的简约制茶、煮茶法

十之图：抄录《茶经》内容作为卷轴，悬于室内以便参考

陆羽《茶经》推荐的煮茶正道

在火上翻转烘焙茶饼，使其烘烤均匀。烘焙适度的茶饼先置于纸袋内冷却，再研磨成粉，过筛取细末备用。

以瓢量清水入锅烹煮，水快开时留心水况。锅底出现鱼眼小泡，加少许盐调味；气泡变大像珍珠般不断上涌到锅边时，先快速舀出一瓢咸味熟水，置于净水碗中待用，然后马上用竹木搅拌棒在锅中央快速有力地搅动热水，同时以量勺取适量茶末倒入搅拌产生的漩涡中心；锅中沸水翻腾鼓浪时，把之前舀出的那瓢熟水倒回去止沸，如此茶便煮好了。

煮好的茶水要马上分入茶碗饮用，一升水最多分五碗。茶水表面浮着的茶沫是茶之精华，要均匀分到各碗中。茶冷后茶沫会消失，所以一定要趁热饮用。为保证茶汤质量，一次煮茶最好不要超过五碗（一升水）。

套茶道品饮所需的24件煮饮、陈设器具，以及收纳这些器具的都篮；"五之煮"阐述了按当时茶品特色总结的煮茶正道。作为反衬，陆羽在"六之饮"里提到当时流行的几种饮茶习俗，比如，将茶磨成茶粉置于瓶或瓦制酒具中，冲入热水饮用的"痷茶法"，煮茶时加入葱、姜、枣、橘皮、茱萸、薄荷等香料反复沸腾的"百沸法"。陆羽批评这些流行做法要么茶味不足、要么喧宾夺主不堪饮用，他强调崇尚真味的清饮主张，认为那样才能喝到茶的真性。

如果说《茶经》介绍的唐代茶具对我们而言还需要想象，那么，1987年西安法门寺出土的唐代茶具则让我们直观惊艳于唐代茶文化的瑰丽。法门寺在西安以东约120千米的宝鸡市扶风县，是我国少数几座拥有罕见佛舍利的千年古刹之一。1987年修缮倒塌的古塔时，发现塔下有秘密地宫，从中出土了佛指舍利和历代唐皇室供奉的大量物品，包括数量可观的各色茶具和后代失传的"秘色釉"瓷器。皇室贡品名录内的金银、琉璃茶具中有考证为唐僖宗（公元862~888年）供奉的一套自用金银茶具，有些器皿上还铭刻有他的小名"五哥"。这些晚唐茶具的制作年代晚于陆羽《茶经》100年左右，部分茶具是《茶经》中未曾提及的，可见唐代茶具的发展颇为与时俱进。

支柱产业"税"岁高

公元782年左右，中国首次征收茶税，当时因镇压北方反叛军队产生巨额开支，国库不能支持，遂对"竹木茶漆"征收什一税以弥补。动乱平定后，该暂行综合税于公元784年废除。公元793年，朝廷开始课征专项茶税，税率10%，

法门寺出土的唐代皇室茶具节选

琉璃茶碗与拓子，通高 5.3 厘米，碗高 4.6 厘米，口径 12.7 厘米（左图）

鎏金银伎人纹调达子，调达子使用时先放入适量茶粉，再加少量热水调和成膏状，冲入沸水点成茶汤饮用，这种喝法类似《茶经》中被鄙视的"淹茶法"（右图）

唐僖宗金银茶具 左起顺时针方向：金银结条焙笼（烘烤茶饼）、鎏金人物画银坛子（装调料）、鎏金摩羯纹蕾纽三足架银盐台、鎏金飞鸿球路纹银茶笼（疑似装焙好的茶饼冷却用）、鎏金银仙人驾鹤纹茶罗（过筛磨好的茶粉）、鎏金鸿雁流云纹银茶碾（研磨烤好的茶饼）、鎏金银茶盒（装茶粉）

银盐台仿制品打开图 顶端小球也能收纳调味品（左图）

银茶罗仿制品打开图，下层抽屉收集过筛后的茶粉（右图）

中国茶叶博物馆唐代茶具节选

简洁版白釉茶具组,左起:茶碾、带锅茶炉、带托茶碗两副(左图)

兰贝茶鼎(右上图)

便携式黄釉茶炉(右下图)

当年就产生了四十万贯(约1 500千克金子)的茶税收入,数量可观的茶税从此成为朝廷重要税收之一。公元818年,朝廷为体现优抚,曾停收茶税,几年后恢复征收,唐穆宗即位后(公元821年)税率提高到15%。公元836年,国家茶叶专卖企图失败后茶税重新降回10%,此后税额多有起伏。到9世纪中期,茶税年收入已高达八十万贯(约3 000千克金子)。

自公元9世纪30年代起,唐王朝一直想实行国家茶叶专卖以牟取更大利益。可是,安史之乱(公元755~763年)后势力大增的各藩镇早已尾大不掉,成为地方割据势力,中央政令难以落实执行。几任皇帝数度想推行的国家茶叶专卖计划因损害藩镇节度使们的切身利益而受到严重抵制,始终未能实现。藩镇之间也互相争利,为筹集军备资金增加地方收入,各地方势力不但私下截留国家茶税,

中国古代货币兑换率

中国于公元前210年(秦始皇三十七年)统一全国货币制式。秦的外圆内方的秦半两制钱成为后世历代王朝效仿的硬币格式。制钱中央方孔是为了将钱币串起来,方便携带、计数。

贯是古代串联的货币度量衡单位之一,一千枚铜钱串成一串称一贯。一贯铜钱可兑换一两银子,十两银子可兑换一两金子。

秦半两制钱

还额外开征地方税，连过境茶叶也要交纳过路税费。

9世纪中至10世纪初的晚唐时代，层层加码重重盘剥的高额茶税严重打击了合法茶贸，茶叶走私之风大兴。一些大型走私集团不但与官员勾结串通偷漏税，还雇佣私人军队为大规模走私护航保驾。为打击走私保障税收，官方出台了严峻的刑法，对走私重犯处以死刑。但是，中央管理无力，巨额利润刺激下的走私无法根本抑制。唐王朝覆灭后，中国陷入近一个世纪的战乱和政治动荡，史称"五代十国"。当时各地军阀互相厮杀火并，纷纷立地为王，短命王朝交替更迭，不同统治者御下的茶税也多种多样，相互并存，这种混乱的局面直到10世纪中期宋王朝建立才重新回归统一。

昌盛：龙凤团、点茶法、茶风尚

惊才绝艳龙凤团

宋代（公元960~1297年）茶文化与茶经济均相当繁荣，史称"茶兴于唐而盛于宋"。茶扎根深入到中国人生活的各个层面，北宋大臣、著名改革家和文学家王安石（公元1021~1086年）在辩论国家茶法的上书中重申"夫茶之为民用，等于米盐，不可一日以无"，可见茶在国计民生中不可或缺的重要地位。

宋王朝御茶园选址福建北部建安县（今建瓯）凤凰山下的北苑。北苑在唐代末期以精致的研膏茶工艺闻名，唐王朝覆灭后的割据时代里曾是闽王御茶园，因门窗面北而得名北苑。研膏茶也叫片茶、团茶或腊（蜡）茶，是以研成细末的蒸青末茶压制的饼茶。清代陆廷灿《续茶经》引用宋人张荟叟《画墁录》介绍其出处道："贞元中，常衮为建州刺史，始蒸焙而研之，谓研膏茶，其后稍为饼样，而穴其中，故谓之一串。陆羽所烹，惟是草茗尔"。据此说法，研膏茶大约问世于8世纪末，是源自末茶的紧压茶，也算饼茶的高级精致版。相比陆羽饮用的先蒸后捣再压模的旧工艺饼茶，研膏茶这种新式饼茶制作工艺更费时考究，茶品质地更细腻。由于研磨细致，青草气更少，口感更润滑，当然价格也更昂贵。

公元977年，为从外形上直接区隔北苑皇家御茶和其他产地入贡的研膏茶，宋朝廷派专人给北苑送去特制的龙凤图案银茶模，压制史称"龙凤团茶"的御茶。龙凤团茶是宫廷御品，早期外界对其了解不多。公元998
转运使的丁谓（公元966~1037年）负责督造北苑御茶。

福建气候温暖，北苑地区每年农历三月初茶芽即开始萌发，北宋首都汴梁（今开封）离北苑路途遥远，龙凤团茶制作繁复费时费工，丁谓上任之前，北苑茶虽萌发早但赶不及最早到达皇宫。丁谓在早春雇佣数千名茶工日夜赶制龙凤团茶，制好后即派专人急驰入京，提前赶在每年春社祭祀前送达皇宫。春社是古代春季祭祀土地神的活动，宋代把春社日固定在农历三月二十日左右，由天子主持官社祭祀，民间各地则开展民社祭祀。春社以分食祭祀酒肉告终，乡村间往往以醉酒狂欢收场。

丁谓此举使龙凤团茶成为早春入贡第一名，刷新了首批春茶抵达皇宫的时间。他还撰写了不少赞美龙凤团的诗篇，并专著记录龙凤团茶加工（丁谓茶书已佚失），龙凤团茶因此名声大噪。庆历年间（公元1041~1048年），蔡襄（公元1012~1067年）出任福建转运使，在他的主持下，龙凤团茶的制作工艺发展到精益求精的新高峰。蔡襄时代的北苑推出外形更精致、内质更出众的龙凤团新品，新款龙凤团茶每斤有20片玲珑小片，被昵称为小团；旧款龙凤团茶一斤只有八片，遂改称大团。

小团是当时最昂贵的茶品，堪称研膏茶极品。北宋著名文学家、诗人欧阳修（公元1007~1072年）在散文《归田录》里称蔡襄任期推出的小团"其品精绝"，价格也达到精绝的程度：一斤小团价值二两金子！由于选料、加工要求异常严苛，小团产量极少，真是有钱也难买到，欧阳修遂感慨小团比金子更难得。他回忆到，每年皇帝在南郊主持祭祀天地典礼后，会分赐中书省和枢密院两个机构各一片小团，这两片御赐小团要由两个部门的四位高官分享，宫女们在御赐小团上粘贴镂花金箔以彰显其珍贵程度。

雅俗共赏点茶热

小团成功地在上层社会掀起一股极致奢华、追求精致的茶道风气，北苑茶成为顶级茶的同义词。继小团之后，北苑又开发出更精美的升级版龙凤团茶，这里不多叙述。建安当地的官、私茶焙也纷纷追风制作高档片茶，为全国喝不到御

龙凤团茶模具图汇　节选自宋代《宣和北苑贡茶录》，宣和为宋徽宗年号，自1190~1125年

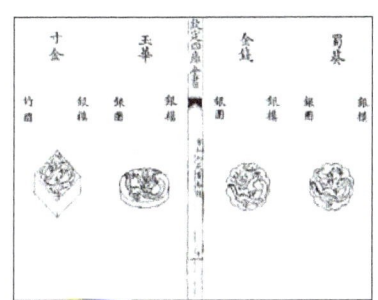
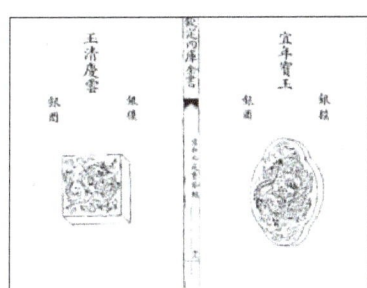
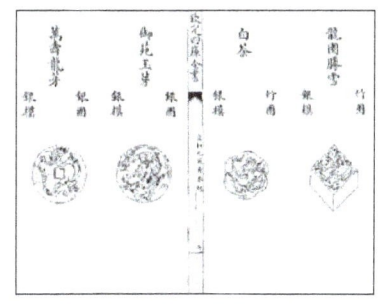

茶的有钱人提供高仿精品。当然，这些茶坊作品是绝对不能有龙凤图案的，弄个喜鹊闹梅什么的倒是无妨。以龙凤团茶为代表的精品研膏茶被广泛传颂而名噪一时，但高昂的造价使得这类茶始终只是小众奢侈品，广大普通家庭消费的主要是旧款饼茶和散茶，这好比现代车友津津乐道各种豪华名车，但街上跑得最多的还是大众、现代、QQ 等经济车型。交通相对便利的长江中下游产区，散茶（宋代也称草茶）取代了旧款饼茶成为当地主流产品。

11 世纪中期，建剑地区（今福建北部）以研膏片茶生产著称，两浙（今江苏南部以及浙江、上海地区）以散茶生产领先，两地在全国产区中排名前列。两浙散茶品质有显著提高，江南出现日注茶、宝云茶等全国知名散茶，江西散茶双井白芽也受到欧阳修称赞，散茶名品被纳入贡茶名录，高品质散茶的拥趸也扩大了。公元 1127 年，宋王朝失去北方领土退守长江以南，定都杭州临安，主流茶叶消费受江南影响更多，民间研膏片茶生产逐渐萎缩，旧款饼茶也被更便捷的散茶和末茶所淘汰。

茶在宋代雅俗文化中都有亮点。宋代文人士大夫创作了大量的茶书，以茶为主题的诗词、绘画作品也数量繁多，值得一提的有著名词人苏东坡（公元 1037~1101 年）的《叶嘉传》，该散文虚构了一位讲节操、有风骨的福建人士叶嘉，拟人化地隐喻茶的出尘高士形象，因写作笔法新颖脱俗而流传甚广，"叶嘉"从此成为茶的别名之一。另一位著名词人陆游（公元 1125~1210 年）则堪称茶诗词写作冠军，总共创作了 300 首左右与茶有关的诗词。

宋徽宗（公元 1082~1135 年）是中国历史上首位和唯一一位写作茶书的皇帝。这位因皇兄早逝无后而上台的皇帝穷奢淫侈、极端不务正业。《水浒传》里和名妓李师师暗通款曲的是这位，以花石纲之名从江南大肆搜刮奇花异石搞得天怒人怨的也是他。此人做皇帝外行，但艺术天赋丰厚，创造了"廋金体"书法，也是位水平不错的词人与工笔画家。他于私人艺术爱好太狂热，于国家公事太昏聩，最终丢失半壁江山，沦为金人俘虏，被俘八年后病逝于流放生涯的终点五国城（今黑龙江依兰）。角色错位的徽宗是一名龙凤团茶顶级发烧友，皇帝身份与艺术家脾气相结合，使他对龙凤团茶的要求不计工本，所以他当皇帝时是北苑发展的巅峰期。徽宗《大观茶论》从鉴赏家的角度阐述了龙凤团茶从茶园到茶碗的历程，书中总结归纳的点茶精要被公认为点茶法中的翘楚。

虽然文人士大夫等上层社会人士崇尚清饮，认为在茶饮中添加任何东西都

龙凤团茶繁琐的制作流程

龙凤是中国古代皇家御用标志，非皇室成员必须得到皇帝特许才能使用。宋代龙凤团茶代表了中国饼茶制作的最高成就。成书于公元1186年左右的《北苑别录》记载了龙凤团茶的详细加工过程。

龙凤团茶加工摘要：

1) 采茶：黎明日出前采摘鲜嫩芽叶。

2) 拣茶：按芽、叶的规格、大小、色泽等指标精细分拣归类。

3) 蒸茶：将分类拣好的茶用清水反复漂洗干净，然后铺入甑中蒸至恰好。

4) 榨茶：蒸好的茶以清水快速冷却，先榨去多余水分，再榨干茶汁（这种榨茶法只适用于味道浓厚的福建茶，江南地区的茶如榨汁会失去大部分茶味）。

5) 研茶：榨干的茶兑上适量山泉水细细研磨成茶粉。最高级别的龙凤团茶要反复加水多次研磨，直至第十六遍水研干，才能达到最细腻的研磨效果。

6) 造茶：将研磨好的各档茶粉揉入对应的龙凤银模或铜、竹模具中压制成型。

7) 过黄：烘干压制成型的片茶。由于片茶质地紧实细密，焙时内芯与表层干燥速度不一，为防止内部未干而表面过干变色或起壳，每烘至外层干时，要将片茶从滚水上方过汤（蒸榨好的茶称茶黄，过黄即将压好的茶过汤），令蒸汽润泽外表后重新焙火。如此反复焙、润结合，直至整片茶内外足干，收工前在滚水上方润泽一次，马上放到密室内扇凉。

《北苑别录》记载的制法比8世纪末研膏茶初创时肯定要考究得多。书中罗列了当时北苑出品的数十种花色的龙凤团茶，按选料、工艺、品质等划分为细色茶与粗色茶两大类（北苑粗色茶拿到市面上绝对半点不粗，"粗"只是相对品质更高的北苑细色茶而言）。细色茶有五个亚类，粗色茶有七个，以"纲次"代表亚类，每个"纲次"下又有多款品种。

细色茶主要供应皇帝和皇室直系；粗色茶供应旁系皇室成员和朝廷高官。宋代精英阶层饮茶崇尚原味，故细色茶均不添加香料；粗色茶各档有加香与原味两款，制作加香龙凤团茶要在茶粉中均匀掺入龙脑香细末后压制。龙脑香是中国古代宫廷常用香料，是热带龙脑香科乔木分泌的树脂结晶体。龙凤团茶制成后要在表面涂油防潮。

点茶法与日本茶道

点茶法是宋代流行的茶饮制作方法,其实在唐代就有,陆羽提到的"痷茶法"可算原始点茶法,法门寺出土的调达子是晚唐点茶用具。随着制茶工艺的精进,宋代茶道更趋精致化,点茶法也得到极大的完善,茶不须煮饮可直接点饮出味。为提高浸出率,宋代点茶对茶品的研磨细度要求更高,以丝绢过筛茶粉,并用口径细长、出水集中有力的汤瓶代替水瓢注水。

宋代点茶无论用研膏片茶、散茶或旧款饼茶,都要先将茶品研磨成极细的茶粉并过筛;水煮好后先温茶碗,将适量茶粉放入温好的碗内,先加少量热水以茶筅细细调成顺滑的膏状,再逐次冲入热水、以茶筅着力搅击以混合茶汤产生茶沫;水加至茶碗六分满时最后一次以茶筅搅击达到茶沫最多化。茶沫代表了茶品品质与点茶水平,高品质茶配高明点茶手法才能产生大量灿若白雪的茶沫。

点茶法在12世纪末由日本荣西禅师(公元1141~1215年)传回日本,经日本茶人的吸收发扬,蜕变成日本茶道。

荣西被日本尊为"日本茶祖",他曾两度入宋,到浙东天台山万年寺礼佛学禅。茶与禅宗关系密切,万年寺自有茶园,僧侣们参与种茶制茶,荣西学禅期间耳濡目染,实地体会到饮茶之乐。学成归国后,他创立了日本临济宗,他从中国带回的茶籽、种茶制茶法和点茶法也在日本生根开花,使得自唐代传入后不久便偃旗息鼓的茶文化在日本重获新生。荣西写作了日本第一部茶学专著《吃茶养生记》,在他的影响下,日本开始推广栽培茶树以供饮用,点茶法也获得僧侣和禅宗信徒的青睐。当时浙江地区是散茶主产区,荣西传回去的制法是蒸青散茶和末茶制法,末茶(日本叫抹茶)因方便点茶在日本更为知名。

13世纪开始,正规点茶聚会和点茶专用的昂贵抹茶(高档散茶研磨成极细的茶粉)受到当时统治日本的武士集团的追捧,那种一碗茶点好后轮着喝的饮法颇投武士们的喜好,茶会和抹茶成为社会地位的象征。15世纪末,在点茶聚会基础上发展起来的日本茶道初具雏形,16世纪,日本茶道大师千利休从理论与实践两个方面升华完善了日本茶道。迄今,宋代流行的点茶法在中国早已杳然,但在日本茶道中则得到相当的保全。

图说曾经风靡宋、辽的点茶法

文会图（局部） 北宋宫廷画师作品。描绘文人室外聚会，童仆们于席前准备茶饮，前方四位未冠童仆自左至右分别在休息饮茶、候汤（用汤瓶煮水）、分点好的茶汤、最后一位辨识不清，疑似在碾茶。此图上方有徽宗手书题跋、配诗与私章，想来他非常喜欢这种调调儿

备茶图 河北宣化下八里辽墓室壁画之一，据考证为11世纪末12世纪初作品。图前方两童仆在仆碾茶，右仆凝神辨音候汤，可见北宋点茶法和器具已传播到北方领国契丹辽国

撵茶图 12世纪末13世纪初南宋宫廷画家刘松年作品。图左二仆正在备茶，一仆以石磨磨制茶粉，一仆持汤瓶往大碗中注水以便点茶。石磨的研磨效果比茶碾更细致，几案旁茶炉上煮水用茶铫而非汤瓶以便于观察汤的沸腾，水好后再注入汤瓶点茶，这些细节改变使点茶法更趋完美

糟蹋了茶之真味；但是民间仍喜好调饮。这与民间主要饮用价廉的普通散茶或旧款饼茶有关，这些大众茶品在原料和加工上比上层社会人士惯喝的研膏片茶或精品散茶要粗放毛糙，本身味道一般，要靠调饮改善和增进口感，这和现代把普通茶叶加工成调味茶提升附加值有异曲同工之妙。

宋代茶品品质整体比唐代有进步，所以饮茶不再加盐调味；另外，许是点茶法对研磨细度要求更高的缘故（宋代石磨研磨效果比茶碾更细），磨好的茶粉青草气散发得更多，调饮时不用姜葱等浓烈香辛料压味。宋代调饮常用各种香花、

宋代《茶具图赞》所绘全套晚宋点茶器具（《茶具图赞》为13世纪宋代作品）

从第一幅至第三幅各幅自上而下所绘茶具分别为：竹编烘笼（烘焙茶饼或散茶），木制茶捶（研膏茶质密需用茶捶敲碎再碾磨），金属茶碾（粗磨），石制茶磨（细磨），葫芦水瓢（舀水），绢网茶罗（过筛茶粉），棕制茶刷（清扫茶粉），漆器碗托，瓷茶碗，汤瓶（以金银为佳，也有较便宜的瓷汤瓶），竹茶筅（搅击茶汤），布茶巾

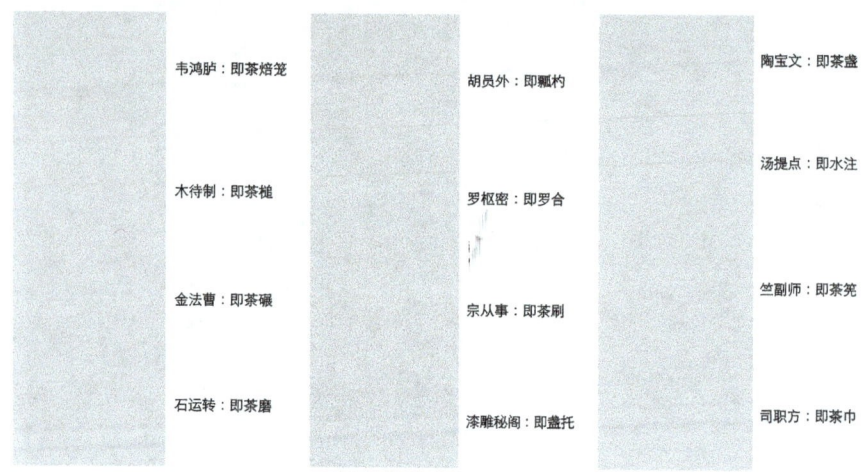

鲜果、坚果等色香味愉悦的配料，因调饮配料种类丰富，点茶手法讲究，普通人家不好把握，遂滋生出职业化的街头卖茶人。他们走街串巷贩卖各色茶饮，宋人孟元老作于公元1147年的《东京梦华录》回忆到，首都开封卖茶人凌晨五更（凌晨3:00-5:00）上街向早起居民售卖茶饮，夜班卖茶人半夜三更（晚上11:00-次日凌晨1:00）提瓶上街向因公私事宜夜归的行人售卖热茶。

宋朝南迁后定都临安（今杭州），新首都更是融南北茶饮文化于一炉，茶饮选择更加多样化。南宋吴自牧在仿《东京梦华录》的作品《梦梁录》里提到，杭州卖茶人不但早晚走街串巷，还把生意发展到西湖上，搭船为游湖客提供点茶和茶果服务；雨雪天照开不误的西湖夜市上有流动卖茶车或茶担，通常经营到深夜三四更（晚上11:00~次日凌晨3:00）收档；即使有夜市，杭城还有走街串巷的夜班卖茶人提瓶卖茶。

多姿多彩茶风尚

宋代茶馆文化相当发达，北宋首都开封有很多茶坊，南宋首都杭州茶坊的数量更多，服务层次也更加细分化，贩夫走卒、文人墨客、仕女浪子等各色人物均能找到适合自己圈子的茶坊消磨时光。装饰时尚的茶坊售卖多款茶饮、汤品（宋代的汤指芳香性非茶饮料，多为香草类研磨成粉后点饮）、消闲茶食和应节时令饮品点心，比如，杭州茶坊冬天推出七宝擂茶、葱茶和馓子，夏天特供雪泡梅花酒等清凉饮料。各茶坊还以特色经营项目以吸引目标客户，有挂牌教授曲乐的茶坊，接待女客的仕茶坊，楼上设驻店妓女的花茶坊，夜市流动茶坊等等。还有茶

坊在凌晨五更点灯开门，为赶早市者提供交易场地和茶饮，成为衣物、图画、花环等轻便物品的凌晨交易与博彩市场；因相关交易人员天亮就撤，这种设在茶坊里的凌晨市场称为"鬼子市"。

深度普及的民间饮茶活动与活跃的茶饮服务业催生出多种与茶有关的礼俗，乔迁新居者和左邻右舍相互请茶联络感情；订婚聘礼与女方回礼中一定要备有茶；结婚亲迎仪式上有多次敬茶等等。民间宴饮、聚会或红白喜事要办得体面，可找名唤"茶酒司"的专业服务班子，负责提供桌椅、杯盘器皿、茶果（茶饮小食）、酒水、请客、摆席、招待、致词等系列化服务。市民家庭每逢农历初一、十五的家祭日，要请卖茶人点盏好茶祭祀家神与祖先。民间纠纷以"吃讲茶"方式解决，即争执双方请调解人到约好的茶馆谈判，达成共识后，双方在调解人见证下喝碗特制茶饮，以示承认本次调解结果，不再质疑或反悔。当然，万一"吃讲茶"不成功，那就只能以劳民伤财的告官方式来解决了。

宋代玩茶花样真不少，茶会、茶宴、茶戏等多种以茶为由头或主题的文娱社交活动非常活跃。不同阶层人士有各自的茶事活动，比如，皇帝赐茶饮或设茶宴奖励大臣；太学生们轮日在讲堂集茶交流信息串联感情；提茶瓶卖茶者生意高

宋代斗茶器具实物图

宋代鎏金银汤瓶（金银汤瓶多可直接煮水用，由于不便观汤，靠辨声判断煮水程度，技巧要求高）（左图）

宋代瓷汤瓶（瓷汤瓶易碎，但价廉，民间普及度高，通常配合便于观汤的茶铫煮水，再注入瓷汤瓶以点茶）（右图）

兔毫黑釉茶碗（下左图）

玳瑁黑釉茶碗（下中图）

花纹黑釉茶碗（下右图）

峰过后聚到一起斗茶,等等。宋代茶戏极富时代特征,主要流行以下三种茶戏:

1. 斗茶——全国流行的点茶技艺与茶品质量赛

斗茶比的是参赛茶品品质和参赛者点茶技术。通常以"清饮法"点茶,茶沫最白、最厚、最持久不消散者胜。要取胜,除了选茶眼光好、点茶技术棒之外,还要有好茶具辅助。壶嘴细长的汤瓶和黑釉茶碗乃斗茶行家必备之宝,汤瓶用于煮水和点茶时注水,出水的瓶嘴越细长,倾出的水流越细而集中有力,点茶效果越好;黑釉碗最能衬托雪白的茶沫,为点茶时保温和防止烫手,黑釉茶碗尚厚胎,最佳黑釉碗出自福建建窑。日本称黑釉碗为"天目碗",是因这类碗最早由荣西之后的日僧自浙江天目山带回之故。

斗茶普及程度很高,广受欢迎,街头巷尾有人斗茶,路人往往会驻足围观。研膏茶产地福建靠斗茶决定每季茶品质量优劣。

2. 分茶——文人士大夫热衷的消闲茶戏

分茶是在斗茶的基础上衍生的,比的是以茶沫作画的技巧和艺术想象力。分茶比赛先以点茶法点出适量茶沫,再用银茶匙拨动茶沫,在茶汤表面形成山水、书法等美术效果。宋代分茶游戏颇似现代咖啡师比赛的拉花艺术(lattee),只不过咖啡拉花的素材是洁白细腻的牛奶泡沫,分茶作画的素材是洁白细腻的茶沫。

3. 漏影春——仕女们喜爱的解闷茶戏

漏影春比的是心灵手巧还有装饰搭配美学,是较女性化的茶戏。先以纸张

茗园赌市图 传为南宋官廷画家刘松年作品。图中卖茶人正于街头聚集斗茶,引来其他摊贩与路人的注目

剪出镂空花卉，仔细地将剪纸平服地贴到茶碗内，然后往碗里剪纸镂空处轻洒茶粉，接着小心剥离剪纸，带走撒在纸上的茶粉，茶碗里便出现一朵茶粉镂空花。在茶粉花上点缀果粒或干果加以美化，例如以莹白荔枝肉作叶子、玉白松子或嫩黄银杏当花蕊。点缀好的作品比完手艺和创意后以沸水冲点，是一碗掺杂了水果干果的美味调饮。这种比赛用白瓷碗比黑釉碗要妥当的多。

仿分茶作画之春燕图　福建章志峰先生以抹茶点茶创作

经济：茶专卖制度与茶马法

专营机构六榷十三场

唐代没能实现的国家茶叶专营制度在宋代得以实行，该专营制度史称"榷茶"，和现代中国烟草专卖有点类似。自公元964年起，宋朝廷逐步推行"榷茶"，南北间茶贸易首当其冲，最早纳入官方榷茶体系，随后榷茶逐步扩大到南方各茶区，到公元977年形成时称"六榷十三场"的全国榷茶控制网。六榷指控制南茶北销的六家榷务办，分别设于南北水路交通主航道沿岸的六大茶叶贸易集结地，基本控制了南茶进入北方的物流渠道。十三场指十三家负责官方收茶的山场，分别设于当时六个主要茶区内，大部分山场在交通方便、经济发达的江淮流域。

"六榷十三场"基本控制了全国的茶叶买卖。在此体系下，茶农必须先到管理本辖区的国营山场登记为"园户"取得种茶资格，否则按非法种茶论罪。园户所产之茶必须全部按官方卖价卖给山场，官方从园户卖茶所得中扣除按律应缴纳的园租。山场收购的茶叶除自留部分供应当地市场外，其余发运到对口榷务办，使得六榷十三场内均有茶叶库存。茶商不得向园户买茶，也不能到六榷十三场直接买茶，要先到榷务办按官方买价付清需购之茶的全额款项，以换取注明购买数量的"茶引"做取货凭单。凭茶引在任何时候到六榷十三场中的任何一家可兑换等量之茶。这种操作方法称"茶引法"，茶商为节省运输开支，往往选择离目标市场最近的榷务办或山场兑换茶引。

榷茶制度全面实行后，只有四川、广东、广西三个茶区得以豁免。三地所产茶叶可在各自境内自由买卖并依法纳税，但严禁跨境销售。公元1074年，四川实行茶马法，征收境内茶叶优先保障官方茶马交易，川茶必须满足购马军需，如有余额才准自由买卖,从此川茶贸易大部分划归国家专营。广东、广西因产量少,地理位置偏等原因,一直未纳入全国榷茶体系。

北宋(公元960~1127年)时,西北边境不太稳定,周边游牧民族常以武犯境,偷袭骚扰、大小战事频发。为巩固边防,朝廷加强了西北驻军规模。西北战时与平时的军粮供应光靠朝廷调运颇为吃紧,大规模战争时期尤其易发生缺粮问题。为鼓励粮商和西北居民优先卖粮给西北驻军,朝廷容许军方溢价收购民间售卖给西北驻军的粮食,后来发展到用盐引、茶引这两个国家票据代替货币作为军粮支付手段。公元986年开始,茶引成为西北纳粮的非货币支付手段之一,粮商或西北居民们向西北驻军纳粮后获取等值茶引,西北居民不便去远方的六榷十三场取茶,往往把茶引折价卖给商人。商人为获取更多利润勾结哄抬粮价,战争期间,西北军粮的溢价会暴涨到正常市价的十倍多。

榷茶制度推行后,各种弊端慢慢显露。库存是最头痛的问题,正常年景,茶商为避免换入陈茶,库存过高时会尽量减少购买茶引或兑茶;陈年库存消化困难,积累越久越没人要,陈茶败坏沉没了非常可观的一笔资金,库存积压也减少了朝廷预期的榷茶收入。西北战争期间,军方急需军粮使得粮食溢价超高,茶引过度发放导致市面上的茶引数量远远超出国家库存可兑换的实物数量;引多茶少造成茶引大规模贬值,国家信用受损,实际榷茶收入大为缩水。再有,大批茶从十三场运到六榷的物流费用也很可观;客商兑茶不限地点,无法预估各处兑茶量,库存消耗参差很大,要互相调拨,随之产生的调拨费用又是一笔庞大开支。正常运输损耗、雁过拔毛式的虚报贪腐等在推高官方物流成本的同时也侵蚀了榷茶收益。

改良版茶引+"草大虫"茶笼

针对榷茶出现的问题,朝廷在公元993年和公元1023年曾先后在部分茶区试行改良措施。执行改良措施的地区,茶商可到当地官办买场同前来交易的园户自由议价买茶,买卖完成后,茶商当场向买场交纳所购茶叶若按官方卖价与买价交易将产生的差价,即官方榷茶专营收益。缴付此项差额的茶商获得官方茶引凭证,证明所购之茶乃合法所得,缺乏凭证的茶一旦查获按走私论罪。改良措施地区的园户到年末如有未卖完的茶,由官方按官卖价悉数收购,园租仍由园户承担。年终统计官方茶引销售记录和官方购茶档案,如果某园户当年出售的茶叶统计总量低于官方额定产量,该园户要交纳不足部分按官价买卖产生的差价。此改良法叫"贴射法",目的是在保证官方垄断收益的同时向商人转移运输成本,同时减少官方库存成本。

"贴射法"在实际操作中又遇到了新问题：茶商有了选择权后只买好茶，园户年底剩下的大多是品质低劣的茶，官方收购后销售难度增大，变相成为库存损失。同时监管难度也加大了，园户与茶商在官买场外私下交易，使得国家收益流失。因此，贴射法首次试行只维持了几个月，第二次勉强支持了约两年，均重归原先的"交引法"。

公元1059年，朝廷听取改革派意见，放弃榷茶专营，实行自由贸易的"通商法"。除了福建研膏茶仍受官方控制外，其他茶开放自由买卖，朝廷派专人到各地区负责收取茶税，"六榷十三场"失去功能。本章开头提到的王安石论茶法就发生在这个背景下，王反对与民夺利的榷茶制度，积极支持容许自由贸易的通商法。公元1072年，官方对福建研膏茶的控制也松动了，除了部分关键产区外，福建其他地区的研膏茶也可自由买卖。公元1074年，为了控制边境贸易和保护国防安全，四川开始实行"茶马法"，原本容许自由买卖的川茶被纳入官方榷茶专营。公元1102年，为获取更多茶利，朝廷废除通商法恢复榷茶，山场与榷务办重新开工；山场仍负责统购茶叶，但不再向榷务办发茶，榷务办只负责发放茶引不再持有实物库存，茶引改版成远途贸易专用的"长引"和短途或本地贸易专用的"短引"，茶商仍凭茶引到山场提货。

公元1105年，官营山场正式关闭，国家不再涉入实物控制，专营方式改为以改革版茶引实行票据控制。改革版茶引吸取了"贴射法"的经验，茶商买引须支付的金额是欲购数量之茶按官价买进卖出会产生的差价，即官方专营收益。榷务办收钱发引，引上有数量、花色、目的地等明细；短引有效期一季度，长引有效期一年，过期作废。茶商向官方购买茶引之外还要购买标准容量的官制竹茶笼

通商法的实行者赵祯（公元1010~1063年）庙号仁宗，庙号是帝王死后于太庙奉祀追封的名号。庙号一般按皇帝身前的作为裁定，仁是古代对君王的最高评价，仅从茶法改革这个单一事件看，仁宗能体恤民生，舍得放弃专营利益，当得那个"仁"字。此后恢复榷茶的是前面提到的徽宗赵佶，他即位第二年就废除了延续了几代皇帝的"通商法"。宋史《食货志》说徽宗"妄耗百出，不可胜数"，花样百出的各种奢靡花掉了大部分国库收入，所以要想办法搜刮民间。他的庙号"徽"是美好的意思，据说是他那位逃到江南重建南宋朝的儿子高宗赵构（公元1107~1187年）所定，为尊者讳，虽然老爹做皇帝很失败，总算他的艺术修养与成就可以在太庙里"美好"一番吧。

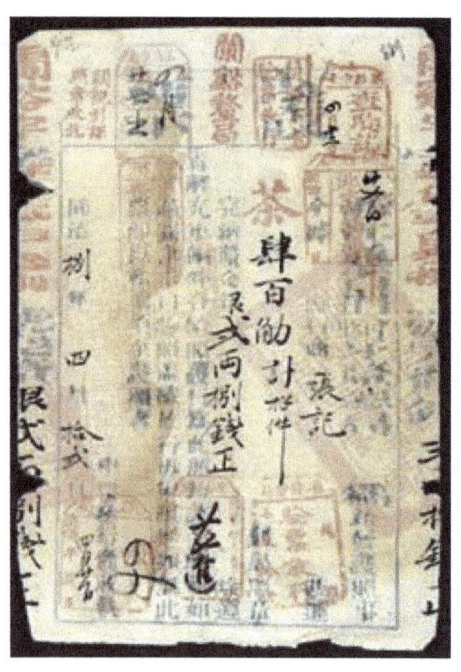

清代茶引

装茶以便官方检验,按茶引注明的数量花色与园户自由议价买茶后,将所购之茶装入官制茶笼送至当地官府检验,官方按茶引内容核对无误后,在每件装满茶的官制茶笼上贴一枚封条以示合格。官制茶笼上的封条要到达茶引目的地后才能破封,不到目的地就破封,或贴有封条的官制茶笼件数与茶引数量不符,会遭沿途关卡拦截,没收并责罚,民间因榷茶之严苛而称官制茶笼为"草大虫",意指榷茶制度伤人如虎。

"茶引法"规定,伪造封条或茶引者将受严惩,举报者可获得奖励,这些改良措施有效地堵住了大的漏洞,推行数年后,即给朝廷带来每年两百万贯(约 7 500 千克金子)的专营收入,是通商法时期的五倍多。公元 1112 年,朝廷榷茶的年收入达到破纪录的四百多万贯(约 15 000 千克金子)。宋朝之后的各朝代在茶税与专营政策方面各有调整,但改良版茶引因其实用性强而一直沿用到清代。

国防优先的茶马法

宋代四川茶叶产量居领先地位,四川是距西北、西南边境最近的茶区。茶是西北游牧民族的生活必需品,川茶早在唐代就是西北边贸畅销品。古代要培养平原作战的骑兵首先要有大量好马,宋朝疆域比唐朝小,境内无良马,战马供应严重依赖西北边境游牧民族。宋朝初期,朝廷购买战马常用铜币,结果大量买马铜币只出不入,导致大宋境内铜币短缺。经调查发现,西北缺少天然铜源,游牧民拿到大宋铜币后积存不花,累积到一定数量熔铸合金兵器。鉴于铜币买马给经济和国防带来双重威胁,公元 984 年,朝廷下旨禁止以铜币向异族购买战马,只能用以物易物的方法换取军马。纺织品、茶叶、草药被选为官方兑换物,其中以茶最受游牧民欢迎。

宋代茶业发展形式很好,不但能满足本朝居民旺盛的需要,还有余量供应边境市场。为优先保障战马供应,茶马法在公元 1074 年诞生。该法确定了茶是官方交换战马的唯一法定兑换物,要求优先保障用于战马兑换的茶叶。朝廷在四川设立管理边境茶马交易的都大提举茶马司,在西北与西南边境先后开辟多个官办交易市场。茶马司对四川、陕西全境之茶有优先征购权,川茶要先满足茶马司的需求,剩余的小部分才允许在川境自由买卖。西北边境交易的马匹属良马,西域高头大马非常适合军用；西南边境交易的马匹主要是矮小粗壮的驽马，只有少数适合军用。维持西南交易主要出于外交考量并非军马需求，是朝廷安抚西南土著、满足其对中原物品需求的手段，交易物品种类不限茶马。茶马法颁布后，每年交换的马匹数量达一万五千到两万匹，宋朝丢失北方领土南渡长江后，丧失了绝大部分西北边贸点，只好转向西南边贸市场换取马匹作为军马补给，从驽马中筛选合格马匹，其中以大理马最佳。南宋时每年马匹交换量缩水到五千匹左右，南方多水网，骑兵规模缩小的同时水军事业发展得不错，曾打败过金人。

茶马法在元朝（公元 1271~1368 年）建立后不久被废除。元帝国是成吉思汗的子孙建立的，他们出身北方草原，拥有辽阔的北方疆域，不愁马匹来源，无须立法保障军马供应。明朝（公元 1368~1644 年）因北方疆域比元代缩水不少，大明境内缺少良马资源，为获取优质军马而恢复茶马法。茶马法恢复后延续到公元 1735 年才再度告废，废除茶马法的清代（公元 1616~1911 年）统治者也是游牧民族出身，东北起家的满人与蒙、藏等西北游牧民族关系颇近，不须依赖茶马法获取军马，清代早期曾沿袭过明朝茶马法旧制，结果官方易马用茶因军马来源充沛而在边境大量积压，最后不得不充当部分饷银发给边防士兵们以解决库存。

格致：一则圣旨加速的茶业演义

南煎北点实用化

中华文化在元代受到全面压制，茶文化也随之黯然失色，但巨大的潜流仍在民间暗涌，以一种更贴近生活的实用主义状态低调而顽强地存在。茶，还是中国人日常生活中必不可少的"开门七件事"之一，茶税收入仍是国家财政的重要支柱。入主中原的蒙古统治者受汉人影响开始饮茶，他们习惯在茶中加入黄油、厚奶油或者磨细的炒米粉等饱腹型配料调饮。元代蒙古人更多把饮茶当作饮食调和的养生法，而非日常嗜好品。

茶文化的最大推动者文人士大夫们因被边缘化而集团失语，元代没有出现过一本茶书，以茶为主题的文艺作品也很罕有。那个时期研究价值最大的相关书籍是农学家王祯（公元 1271~1268 年）的《农书》。该书是王祯总结前人经验与自己当县尹（县官）期间的农业实务而写作的一本非常实用的综合性农业专著。书中论述作物栽培的"百谷谱"篇章对茶作了精短而完备的介绍。王祯提到当时有茗茶、末茶与腊茶三类（茗茶就是散茶，腊茶是表面涂油膏的研膏片茶），按书中的内容，这些均为蒸青茶。

王祯还分别介绍了各类茶的饮用方法：细嫩的散茶（芽茶）先以开水洗茶"去熏气"，再加热水煎饮。他表示该煎茶法在南方非常普及，据此判断，当时南方茶叶采摘标准更趋精细化，茶叶品质有进一步提高。王祯对洗茶的解释不同于洗茶是嫌茶脏的说法，实际上，南方茶区的人以为茶在烘焙干燥时会吸收火气，焙火时间越长茶性越燥。点茶法要研磨成细粉，可散除部分火气，元代南方散茶直接煎饮，通过洗茶洗去部分火气，以免多喝上火。这和现代提倡新炒好的龙井放置半个月退却火气再喝的道理异曲同工。

王祯是山东人，他赞道"末子茶尤妙"。王祯介绍末茶主要以点茶法饮用，在煎茶法普及的南方已不大有人饮用。当时南北两地消费的茶叶种类与饮用方法各有特色，北方主要以点茶法喝末茶，南方主要以煎茶法饮散茶，比之以前又是烤又是磨的要省事多了，果然日常饮品简便才是王道。元代末茶生产规模不小，出现用水磨坊设备大量磨制末茶的商业作坊，末茶在研磨过程中挥发掉一些香气和火气，适宜用点茶法。

腊茶是元代最昂贵的小众茶品。宋代御茶龙凤团作为身份地位的象征为蒙古朝廷所保留，受蒙古口感影响，元代皇家腊茶喜添加香膏调味，焙干后涂上香膏防潮（注意：宋代龙凤团以不加香为上品）。由于饮用繁复，元皇室对其缺乏兴趣，民间更是非常罕见。流入民间的腊茶因稀罕，常常会保存很久开喝，喝前先以温水洗去表面香膏，再敲碎、烘焙、研磨成细末点茶。

蒙古王公贵族对龙凤团不感兴趣，北苑失去创新动力。公元 1302 年，元朝廷把皇家御茶园迁到武夷山地区，北苑更加萧条终至败落。武夷御茶园生产的是符合蒙古人口味的加香龙凤团茶，全国各地贡茶则以大量散茶与部分末茶为主，比龙凤团更受皇室喜爱。元宫廷太医忽思慧于公元 1330 年左右撰写的《饮膳正要》录有十几款以散茶或末茶制作的养身茶饮，其中一款炒茶的做法很有意思：饭锅烧热后，倒入黄油、牛奶和蒸青茶芽同炒。吃时大概要连茶芽一起嚼下去吧。

王祯没提到旧款饼茶，估计早被主流市场淘汰，只在西北西南边贸区得以保留。那些地方山高水长，交通不便，饼茶更便于运输保存。也许受到蒙古人饱腹式饮茶的影响，元代民间饮茶调饮时习惯添加核桃仁、松子、芝麻、杏栗等可咀嚼的点饥型配料。

团废散兴炒青起

明朝（公元 1368~1644 年）重振汉家衣冠，茶文化也再次繁荣。文人士大夫们重抖精神，各种茶书、以茶为主题的诗画等文艺作品层出不穷。陆羽《茶经》倡导的清饮主张和宋代的精致茶道在上层社会重新走红，民间流行的添加配料的调饮法再次遭受批评与嘲讽。点茶法被风雅之士重新拾起，煎茶法在器具与煎法上更趋精细化，文人茶会与茶聚重新流行，饮茶又一次被赋予高于生活必需品的艺术与哲学意义。明代茶道于细节处见考究，追求含蓄内敛、精益求精、返璞归真的境界。

明代开国皇帝朱元璋（公元 1328~1398 年）出身贫苦。少年时家乡遭灾，父母兄长相继亡故，曾投靠皇觉寺，不久寺庙自身难保，朱被遣散四处流浪，后来加入起义军。经历过底层磨难的朱反感奢靡，倡导简朴，登基后推出一系列改善民生、打击贪腐的政策。明代不再设御茶园，公元 1391 年秋，朱下诏罢造龙凤团，改以芽茶（细嫩散茶）为皇家贡茶。散茶生产工序简化许多，此举既节省了皇室用茶开支，又减轻了制茶工沉重的徭役。龙凤团被禁后，研膏茶遂成绝响，芽茶成为其替代品则刺激了高档散茶研发生产，散茶生产进入一个质与量的飞跃期。

传统制茶采用蒸汽杀青，以保持叶色青翠兼散发部分青草气。王祯《农书》详细记载了元代散茶加工：鲜叶在甑中蒸好，薄铺到竹筐内稍加揉捻后焙干。如此制成的蒸青茶香气不高并有青草气，明代早期仍采用传统蒸青制法。朱元璋废

童子奉茶图（山西大同冯导真墓壁画节选）冯导真为全真教道官，经历金、元个两朝代，可见金、元统治下的北人仍保留着饮茶之风（左图）

茶道图（内蒙古赤峰元墓壁画节选）图中桌后三人从左至右分别在搅击茶汤、注水点茶、持盏待茶，桌前地下一僮似在煮水，场面似是末茶点饮（右图）

图解元代饮茶

团兴散后，散茶加工技术高速发展，16世纪时，新兴的锅炒杀青技术已全面取代蒸汽杀青。锅炒杀青时，鲜叶在烧热的铁锅内快速翻炒，叶温升得更快更高，可彻底散发青草气；炒青后揉捻干燥的绿茶香气更浓郁，味道更鲜爽，煎泡清饮馥郁爽口，无需磨细点茶或添加配料调饮。

炒青技术的推广也催化了煎、泡法的普及。陆羽《茶经》"六之饮"中的痷茶是用开水冲泡研磨好的茶末，明代泡茶是用开水直接冲泡散茶。明人陈师作于16世纪晚期的《茶考》提到杭州当时流行的撮泡法，"用细茗置茶瓯，以沸汤点之"，就是捏一撮细嫩茶叶放到茶杯里，用刚开的水泡饮。陈师写到北人大多嘲笑撮泡法，他作为杭州本地人也不喜欢这种泡法，觉得一泡即丢弃茶渣蛮浪费的。陈推崇苏吴（今浙东、苏南地区）煎茶法：将细嫩茶叶放到砂质磁瓶中水煎，至水面起蟹眼小泡，茶水"如淡金黄色，香味清馥"时刚好，如煎过头不免"色赤不佳矣"。该苏吴煎茶法似乎是王祯《农书》中元代南方煎茶法的精细考究版，选细嫩茶叶不洗茶但注重火候沸点，呼应明代文士茶人尚真味、格物考究的精神。古人把煮水熟度按水泡大小细分为虾目、蟹目、鱼目、连珠、浪涌五种，蟹目水温为80～85℃，与现在冲泡高档龙井的水温差不多。

北人对撮泡法的嘲笑最终反而成了笑话。随着锅炒杀青技术和与之配合的绿茶加工工艺趋于稳定和完善，即使大众绿茶以"泡茶法"泡饮味道也相当不错，泡茶时不再一泡即扔而是三泡尽兴避免浪费。曾盛极一时却相对繁琐的点茶法与煎茶法淡出历史舞台，香气、滋味、汤色与回甘成为泡茶时代的品饮指标，茶具选料、种类与造型等也发生相应改变：煮水茶铫废金银重砂陶；全套烘烤研磨器具、注点汤瓶、击沫茶筅、点茶用宽口茶碗、煎茶用茶瓶等旧款茶具全部淘汰，取而

惠山茶会图（明代画家文徵明作品）描绘文人郊外聚会品茶赏景，明人茶会强调品茶之真味与意趣，不设大席，不摆丰盛茶点，聚会人数一般控制在三五人，没有宋代文会图的大聚会场景。文徵明是苏州人，此画作于正德十三年（1518年），图中茶炉上烧煮的、茶几上摆放的数件类似茶具很可能就是陈师《茶考》所赞苏吴煎茶用的磁瓶

图解明代早期饮茶

图解明代晚期饮茶（与现代泡饮法大致相同）

品茗图（明末清初画家陈洪绶作品）图中两位文士持小瓷杯对饮，茶炉上是煮水的砂铫，炉边一瓷茶壶用来泡茶巡斟。泡茶法早已成功取代曾经流行的煎茶、点茶，成为主流品饮之法

代之的是便于冲泡斟饮的茶壶和瓷质致密、口径小、拢香能力强的小茶杯。

泡饮风靡新品涌

16世纪末17世纪初，明代文人雅士把泡茶法升华为融清玩雅集、修身养性为一体的生活艺术，品饮时注重与环境意境的统一，追求散淡、返璞归真、物我两忘的境界。江苏宜兴紫砂壶因外观古朴含蓄、泡茶不烫手、保温聚香性好、冷热急变不爆裂等特点，在明代中、晚期崛起，为最受文人雅士推崇的茶具。长期使用的紫砂壶在壶体表面会形成温润的包浆，在壶内会积累茶山（茶垢），这种须光阴打磨的低调雅趣尤受收藏家与茶道爱好者喜爱。明代涌现出多位紫砂壶制作大家，他们创制的壶品是茶道中人和收藏家追逐的精品，其中最出名的供春壶（供春是16世纪早期明代一官员的书童，他是将紫砂壶推上艺术高峰的开创性人物）在明晚期的市价可媲美商周古董青铜礼器。

随着文人雅士茶艺的兴旺，茶具更趋精致小巧，注重实用性与艺术性的结合：为凝聚茶香，防止茶叶久泡败味或茶汤冷却失香，紫砂壶以小巧为时尚（明代时福建功夫泡尚未大成，当时的小茶壶比功夫泡用壶大）；为试汤色（欣赏茶汤色

炒青绿茶与日本釜炒茶，煎茶法与日本煎茶道和日式煎茶

炒青技术在15世纪下半叶传至日本九州岛西岸，那里与我国江南一水之隔，是中日两国间距离最近的地方。九州人称新技法炒制的茶为釜炒茶，所谓"橘生淮南则为橘，生于淮北则为枳"，日本水土长出的茶树鲜叶更适合蒸青制法，以炒青技术加工日本鲜叶更费工时也不易做好，所以釜炒茶只在九州岛部分地区流传，现为日本特种茶。

日本煎茶道比日本茶道（也叫抹茶道）更洗练少拘泥。煎茶法由中国僧人隐元隆琦（公元1592~1673年）传至日本，后经日本茶僧卖茶翁（公元1675~1764年）等当地茶人的发扬光大，于19世纪发展成日本流行的煎茶道。

隐元俗姓林，名隆琦，是福建黄檗山万福寺主持。因日本僧众多次邀请，公元1654年，隐元抵日传法，随行30多人中有福建僧人与工匠。隐元创建了日本禅宗流派黄檗宗，并把中国禅院饮食文化带到日本。茶禅一味，种茶、制茶、煎茶、饮茶是隐元寺院生活的一部分，他从福建带去茶叶（废团后福建转产散茶）和紫砂茶具，按明代前期流行的煎茶法自煎自饮，并不时召集弟子品茶论诗。清新自然、更富禅意的煎茶法令弟子们耳目一新，在渴望打破僵化的阶层束缚的日本知识分子与新贵中流行起来。

卖茶翁是最有影响力的煎茶法实践兼推广者。他曾为寺院僧，57岁时去往京都实现其茶禅一味的梦想生活。他在京都各大景点挑着煎茶担且走且停，过了二十多年"卖茶"为生的日子。虽叫卖茶翁，其实更像以茶会友或化缘，煎茶担招子上书"百两不嫌多，半文不嫌少，白喝也可以，只是不倒找"；来人随意喝茶，随意投钱，老板也随意自煎自饮。新奇的做法加上卖茶翁本身的禅学修养和个人魅力加速了世人对煎茶法的认识与赏识，使煎茶由法入道。

日式煎茶（sencha）创制于18世纪中期，是专为日本煎茶道开发的本土茶品。日式煎茶问世前，日本除抹茶外，其他蒸青茶品质粗陋，不堪泡饮，只得煎煮才能出味。取名于煎茶道的日式煎茶在选料和加工上有了质的提高，可像当时进口的中国绿茶那样直接泡饮。卖茶翁品尝过煎茶也大为称赞，可惜煎茶刚问世量少价贵，他只得仍以便宜的蒸青粗茶煎卖。19世纪初，日式煎茶得以大量生产，成为煎茶道主要用茶，使煎茶道从早先的煎茶演变成现在的泡茶。公元1837年，遮阳栽培配合煎茶加工方式生产的日本玉露茶诞生，成为煎茶道顶级用茶。

泽），茶杯以莹白的甜白瓷为贵，粉青瓷能增色也颇受欢迎；为提高茶汤鲜爽度，确保无异味干扰，推崇以紫砂茶铫煮水并重视火候。此外，为保持茶叶的色香味，储藏时强调洁净、干燥、隔气；储茶器具选瓷、锡等不夺香不串味的容器，大量存放的茶叶要在茶坛中放置石灰、草木灰等充当吸潮剂并定时更换，茶坛要以竹箬叶厚厚密封，非晴天不开坛取茶等等。

明代因不设御茶园，技师可自由流动，技术垄断不再，间接促进了行业交流；市场喜好成为行业发展指南针，促进了茶业多元化发展。锅炒技术的普及不但带来众多创新名优绿茶，也诱发出前所未有的新茶类，明末清初出现红茶、乌龙茶等多种新茶品，丰富了中国茶的品种。红茶成为出口西洋的主要茶类，赚取了不少白银。清代时，英商为平衡茶叶贸易带来的巨大逆差，向中国倾销鸦片，最终导致鸦片战争爆发。乌龙茶成为福建和潮汕地区流行的茶类，发展出独特的功夫茶文化，并跨过海峡传到与福建人文地理相近的台湾岛。茉莉花茶在清代中期进入大规模商业生产，成为北方，尤其是京津地区最受欢迎的茶类。

清朝初期实行严酷的屠杀与镇压，政局稳定国力恢复后不久，又大兴文字狱，文人风声鹤唳，哪有心情讲究茶文化。茶像元朝那样低调而顽强地在民间发展，

明代茶具实物图

明代紫砂提梁壶（南京博物馆馆藏）1965年南京中华门外马家山油坊桥16世纪早中期明代司礼太监吴经墓出土，为迄今发现的中国最早紫砂壶。提梁壶最早是当煮水的茶铫用（上左图）

明代青花茶壶（中国茶叶博物馆馆藏）（上右图）

明代紫砂大家时大彬制紫砂壶（正面，底部）（扬州博物馆馆藏）此壶底部有火烧痕迹，估计曾用以煎过茶（下左图和中图）

明代紫砂壶（中国茶叶博物馆馆藏）这个款式应是泡茶用壶（下右图）

直至清代中后期，茶文化才逐渐复苏。清朝官员也是游牧民族出身，早期统治者保持其偏好奶茶的习惯，数代后融合了中原文化，习惯清饮并迷上茶文化。清廷每年向民间各地索取大量贡茶，北京地区以及官场流行的盖碗茶是源自清廷的风尚。18世纪是清朝最盛期，茶叶栽培、加工与贸易也进入兴旺期，茶馆、茶庄业颇为繁荣，茶叶出口更是一枝独秀。可惜好景不长，19世纪中期鸦片战争爆发，中国战败后渐渐沦为任人宰割的半殖民地，后又经历政权新旧交替、军阀混战、抗日战争、时局变动等诸多事端，茶业发展屡受牵累和打击，直至20世纪80年改革开放后，才重新焕发活力。

清代茶具实物（中国茶叶博物馆馆藏）

清代朱泥紫砂壶（上左图）

清代嵌花紫砂壶，清代以后紫砂壶不复嵌花，回归明代崇尚的清水自然造型（上中图）

清代粉彩茶壶（上右图）

清代盖碗（中左图）

清代青花小茶杯（中中图）

清代彩釉小茶碗（中右图）

清代金边青花茶具组，自左至右：茶罐、带托对杯、茶壶（下图）

第二章
中国茶现况

人法地，地法天，天法道，道法自然。

——春秋时代哲学家老子语录

茶类与茶区

中国目前是世界最大产茶国和消费国，产量超过世界总产量1/3，消费量占世界总消费量1/4左右。2006年起，中国茶叶产量超过印度跃居世界第一，此后，产量稳步上升，保持第一桂冠。中国、印度、斯里兰卡三大产茶国中，中国是唯一的绿茶大国，世界茶叶市场上近80%的绿茶来自中国。中国也是茶叶种类最丰富的产茶国，有独特的原创茶类。中国茶业界通常按加工方式把茶叶分为基本茶类与再加工茶类两大类。

基本茶类

基本茶类纯由茶树鲜叶直接加工而成。不同加工方式生产的茶叶具不同的外形、香气、滋味。中国茶历史悠久，产地广，品种多，全国有上千种叫得出名字的茶叶，茶学界一般按陈椽（1908~1999年）教授分类理论把基本茶类分为六大类。六大基本茶类主要按加工方法和氧化程度区分，其中部分茶类在国际茶叶市场上比较少见。早期东西方茶叶贸易时六大茶类分类法尚未出现，导致六大基本茶类的中英文称呼存在差异，以下是六大基本茶类的中英文对照表：

基本茶类中英文名称对照

中文名	英文名（英文名含义）
绿茶	Green Tea（绿茶）
青茶	Oolong Tea（乌龙茶）
红茶	Black Tea（黑茶）
白茶	White Tea（白茶）
黄茶	Yellow Tea（黄茶）
黑茶	Dark Tea（深色茶）

绿茶是中国最主流的茶类，早期以蒸青茶为主，明代炒青技术大成带来中国茶加工与品饮的革命性变革。16世纪起，炒青绿茶成为中国主要绿茶品种，中国人饮茶随之简化为泡茶法。绿茶属不发酵茶，清汤绿叶，加工时间最迅速，曾占中国茶产量90%以上。近二十多年来，随着国人品饮习惯多样化，绿茶所占比重有所下降。目前，绿茶产量接近全国茶叶总产量3/4，拥有最多款名优茶。

青茶俗称乌龙茶，英文名是"乌龙茶"音译，明末清初创制于福建，后传播到人文地理环境相近的临近省份，是福建、潮汕、台湾地区主产茶类。青茶属

第二章 中国茶现况

部分发酵茶，氧化度介于绿茶和红茶间，有发酵度极轻、色绿的包种，也有发酵度颇重、色褐的岩茶，还有发酵度不等的多种茶品。青茶于20世90年代开始全国推广，现产量排位第二，约占全国茶叶总产量的1/8。

红茶英文名直译是黑茶，乃指干茶色泽而非汤色。红茶干茶大多色泽乌润，早期有些地方称为乌茶，英文名是早期贸易称呼约定俗成的产物。红茶发源于中国福建，畅销西洋后，国内多地跟风生产，加工工艺进一步提高和发展。中国红茶在18世纪和19世纪早期曾独霸世界茶叶市场，后机械化生产的印度、斯里兰卡红茶相继崛起，手工生产的中国红茶不敌机械化生产的外国红茶。红茶属全发酵茶，红汤红叶，中国红茶以传统红茶为主。近几年国内发展名优红茶，拉动了红茶内销。红茶产量现约占全国茶叶总产量6%~7%。

白茶、黄茶是市场上少见的特种茶。白茶是加工度最低的茶，接近原始的鲜叶晒干保存法，制作白茶的茶树品种芽叶多毫，干茶表面密披白毫而得名白茶。黄茶发端于绿茶，绿茶制作时茶叶如未及时干燥，会在湿热作用下黄变，制茶人通过摸索，生产出风味独到的黄茶。

黑茶因被红茶占了先机，英文名只能译做"Dark Tea"，通常以紧压茶形式出现，干茶色泽不如红茶黑，汤色比红茶深暗。黑茶源自茶马交易中供应西北、西南边境游牧民与土著的紧压茶，这类以粗老叶片制作的茶杂有木质化茎梗、茶果等物，蒸压成体积较大的饼茶以便长途运输。因原料含水量低、粗硬不易成型，故压制前要作额外软化处理，比如堆积捂软、加长蒸茶时间等等，压好的饼茶任其缓慢自然风干。堆捂和蒸茶产生的高温高湿，加上制成品水分偏高，引发叶色褐变。黑茶属

红与黑

红茶是传统外销茶，国际贸易专用英文名"Black Tea"，出口单证上也是这个叫法。20世纪90年代，有位懂中文的俄罗斯商人首次向中国某茶叶进出口公司购买红茶，这位坚持要卖方货单对应写"Red Tea"，拒绝在出口单证上用"Black Tea"这个通用名。

其实国际市场上还真有"Red Tea"，是产自南非的非茶之茶"Rooibos"茶，中文有译"如意茶"，以同名植物针状叶与茎仿红茶加工法制成。因干茶呈红色，海外业界称"Red Tea"或"Red Bush Tea"。如意茶原为非洲土著饮品，大规模商业栽培始于20世纪90年代，后来还有仿绿茶加工法制作的绿色如意茶，称"Green Rooibos"。红、绿如意茶不含咖啡因，睡前喝有安神作用。

黑茶在国际市场上较少，通常将其归为特种茶（Specialty Tea）。交易时大多以茶名称呼，比如普洱茶、六堡茶等，很少用"Dark Tea"这个茶类名。某次，海外一家当地知名的西式茶室来了群中国客人，懂中文的亚裔店长便用中文介绍英文茶单，翻到单上"Black Tea"类目时，他说，我们有很多黑茶……该类目下斯里兰卡茶、祁门茶、英国早餐茶等红茶就这样被"黑"掉了。

中外文各自所指的两种"红茶"的辨析

茶树（上图）
南非如意树（下左图）
祁门功夫红茶（下中图）
南非如意茶（下右图）

后发酵茶，英文也称其为"Post~Fermented Tea"。

再加工茶类

再加工茶类是基本茶类经再加工制作而成的，基本茶类之外所有的茶都可以归于其下。下表是中国较常见的几种再加工茶类。

再加工茶类

种类	举例
花茶	茉莉花茶、桂花乌龙
紧压茶	砖茶、沱茶
调味茶（包括花草茶）	伯爵、八宝茶
茶提取物	红茶粉、绿茶浓缩液
茶饮料	冰红茶、麦香奶茶

花茶是以基本茶类为茶坯搭配芬芳类鲜花，经特殊窨花工艺制成。常用窨花花卉有茉莉花、白兰花、珠兰花、玳玳花、桂花、玫瑰等。绿茶配茉莉鲜花窨制的茉莉花茶最出名，几乎成为花茶同义词，深受中国北方消费者的喜爱，在老北京中拥趸最多。茉莉花茶产量现占所有花茶总产量的90%左右，与红茶产量差不多。

紧压茶由散茶经筛分、称量、蒸压等步骤制成，有砖、饼、沱、柱等多种形状，可算古代饼茶之苗裔。大部分紧压茶是黑茶类，少数为其他基本茶类，有红茶末压制的米砖、青茶散茶压制的漳平水仙饼等。黑茶紧压茶主销西北边疆，也叫边销茶。近来，黑茶因消脂、升值等宣传受到部分消费者关注。

中国通常把调味茶与花草茶归为一类，由基本茶类添加一种或多种天然配料和（或）人工香精香料制成。一般以中低档茶为茶基，以各种配料提香增色；配料种类繁多，有干花、干果、坚果、种子、香辛料、香草、食用精油等，一些新奇配方中还有烘焙咖啡豆、芥末、酸奶粒以及其他非传统食材。八宝茶是传统中式花草茶，以绿茶或茉莉花茶作底，加上具养生作用的七种配料并以冰糖调味，配料不同的八宝茶风味和养生功效各具特色。伯爵茶是西式调味茶，是红茶加欧洲佛手柑精油配制，也有不同风味的配方。调味茶主要在西方流行，在国内发展迟缓。

茶提取物与茶饮料是20世纪晚期出现的，也称深加工茶，产量不计入全国茶叶总产量。茶提取物分"全茶提取物"和"提纯提取物"两类，前者是茶叶中全部水溶性提取物；后者是进一步提纯的茶多酚、茶氨酸等单体，也有部分绿茶提取物是直接提取自鲜叶。茶饮料是以全茶提取物调配生产的方便饮品，也有用茶叶泡制的茶饮料。中国茶饮料目前销量排软饮料销售第三，据中国饮料工业协会报告，2009年全国茶饮料产量超过700万吨，以两位数的年增长率快速成长。

四大茶区

茶树是常绿木本植物，喜酸性土壤与温暖湿润的气候。适宜生长温度为18~30℃。全世界商业化栽培的茶树主要分布在亚热带和热带，中国是栽培面积最大的产茶国。中国茶叶产区按地域、气候、土壤、栽培历史等特点分为江北、江南、西南与华南四大茶区。

江北茶区

江北茶区位于长江以北,是中国最北也是最冷的茶区。涵盖甘肃南部、陕西南部、湖北北部、河南北部、安徽西部、江苏北部和山东东南部地区。平均极端最低气温在 -10℃,茶树容易发生冻害,昼夜温差大,适宜绿茶生产。

江南茶区

江南茶区位于长江以南中下游地区,是中国最繁荣的茶区。涵盖广东北部、广西北部、福建中北部、湖南、浙江、江西、湖北南部、安徽南部和江苏南部地区。该茶区产量占全国茶叶总产量近 2/3,名优茶种类和产量均名列前茅,六大基本茶类都有生产,也是茉莉花茶主产区之一。

西南茶区

西南茶区位于中国西南部,是最古老的茶区,也是茶树原产地,古茶树资源丰富。该区地形复杂,拥有低陷的盆地、高耸的山脉,垂直气候带明显。涵盖贵州、四川、云南中北部和西藏东南角的小块飞地。藏东南从 1956 年开始种植茶叶,栽培历史大大晚于本区其他地方,因地理位置接近而划入西南茶区。该茶区主产绿茶、红茶、普洱茶、边销紧压茶与茉莉花茶。

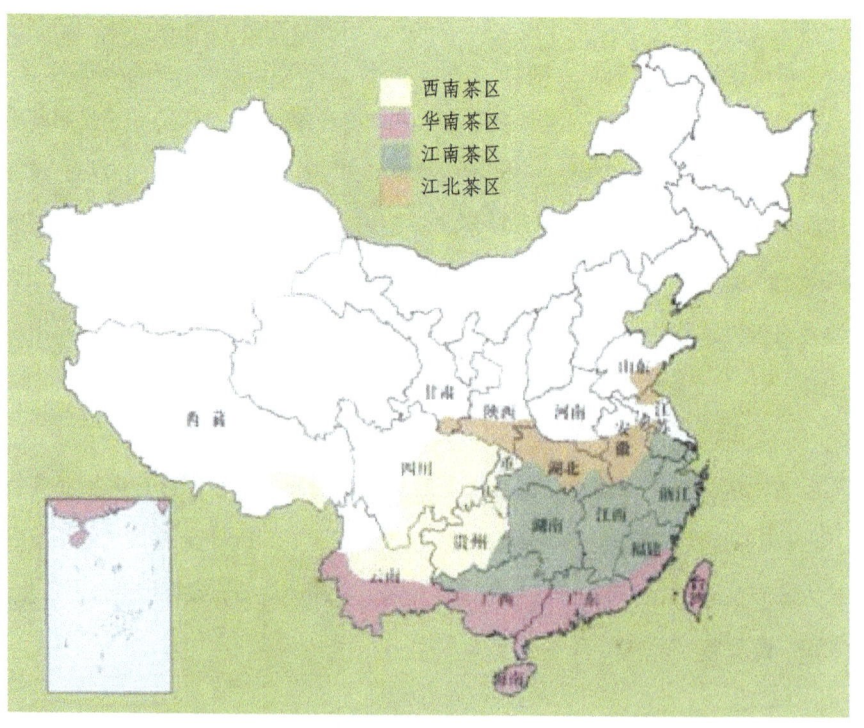

中国四大茶区分布图

中国最高的茶园：海拔2 240米的易贡茶园，位于西藏波密县

华南茶区

华南茶区是中国最南和最温暖的茶区。涵盖福建中南部、广东中南部、广西南部、云南南部、海南岛和海峡对岸的台湾岛。该茶区主产红茶、绿茶、青茶、紧压茶与茉莉花茶。

茶季与茶名

江南春茶贵明前

茶叶采摘与新梢生长关系密切，中国茶区地域跨度大，不同气候带和自然环境的茶树，其采摘时间也不一样。江北、江南、西南茶区一般采制春、夏、秋三季茶；华南茶区冬季气温较高的地方可适量采制冬茶，该区内海南岛地处热带，可全年采摘。

江南茶区春茶采摘期

名称	采摘时段	品质特征
明前茶	早春茶树萌芽到清明前结束	芽叶细嫩，香幽味逸，鲜爽清甜，回甘优雅
雨前茶	清明当天开采到谷雨前结束	芽叶柔嫩，香高味醇，鲜浓微苦，回甘甜润
雨后茶（简称春茶）	谷雨当天开采到立夏或小满前后结束	叶片肥厚，浓厚甘苦，略透苦涩

与春茶相关的节气知识

古代农耕社会的中国人按太阳在黄道的位置，把一年等分成 24 个节气，以节气指导农业生产，安排养生饮食。清明是第五个节气，清明后虽然偶发寒潮，但风不再刺骨，天气趋暖，古人在清明当天合家去到郊外踏青祭扫祖墓；谷雨是第六个节气，有"雨生百谷"之意，谷雨意味着雨量增多，寒潮天气一去不返；立夏、小满分别是第七、第八个节气，立夏意味着春去夏来，小满天气开始炎热，进入气象意义的夏季。

同一个节气每年公历的日子有微小变动，大致范围如下：

清明：4 月 4~6 日

谷雨：4 月 19~21 日

立夏：5 月 5~7 日

小满：5 月 20~22 日

中国传统以采制春茶为主，大部分茶区的茶树经冬天休眠，春茶（绿茶）品质是一年中最好的。江南茶区是我国最大的绿茶产区，自宋代开始以散茶生产领先，当地习惯把春茶（绿茶）按口感品味细分为三个不同的采摘期。

明前茶是第一轮最早的春茶。江南茶区大部分地方的茶树在三月中下旬萌芽，当年春茶采摘随即开始。清明前天气偏寒，茶芽萌发、生长速度迟缓，明前茶产量稀少；寒冷的天气有利于氨基酸合成，形成茶叶鲜甜的口感。如遭遇寒潮冻害，会有明显减产。本身品质优良，加上物以稀为贵的概念，明前茶通常供不应求，做工好的可卖到每 500 克数千元。

雨前茶是第二轮春茶。生长期气温比较温和但并不热，茶芽萌发和生长速度加快，产量大为提高；各种内含物质的积累也相应加快，香气滋味比明前茶更丰沛，比较耐泡。因产量显著增加，价格比明前茶便宜，通常被认为是春茶中次好选择；不过，也有部分茶客认为明前茶过于清淡，雨前茶香气滋味显扬，是性价比最好的选择。明人许次纾（公元 1549~1604 年？）的《茶疏》就表示"清明太早，立夏太迟，谷雨前后，其时适中"，江南茶区有些名优茶要等到谷雨前后采制才有独特的风味，比如太平猴魁、六安瓜片。

雨后茶通常简称春茶，是第三轮也是最后一轮春茶。生长期间气温明显升高，茶叶长势大增，是产量最高的一轮；气温、光照显著增加有利于茶多酚的形成，但抑制了氨基酸的形成，酚氨比上升导致苦涩感。这轮茶产量高，口感虽逊色于明前、雨前茶，但好于夏茶秋茶，是较受欢迎的大众茶。不少地区会根据实际气温状况，把这轮的采收延长到 5 月下旬。

明前春茶重品质

江南茶区春茶分类法影响深远，明前茶概念深入人心，成为顶级春茶代名词。

当市场抢着在清明前推出各款"明前茶"时，消费者要厘清概念：明前茶不只是采摘时间而是综合品质的代名词。和大多数农作物一样，生长环境对茶叶品质影响很大，中国茶区跨不同气候带，环境差异很大，因此，不是所有明前采制的茶叶都当得起明前茶这个约定俗成的品质称谓。

温室茶或者来自温暖的华南茶区的所谓"明前茶"虽是明前采制，但达不到明前茶的品质要求；这些茶生长期的环境温度比江南明前要温暖许多，芽叶生长速度快，内含物质不同于江南自然条件下的明前茶。反之，江北茶区的春茶大多4月萌发，清明前不少地方的茶树还在休眠，有些甚至要迟至5月初才有新芽叶可采，这清明后采制的茶因生长期间环境温度条件类似明前的江南，其品质不比江南明前茶逊色。

即使在江南茶区或气候条件相近的其他茶区，清明前如遭遇持续性灾害天气，该年明前茶品质也会受到影响。此外，茶叶内含物质的变化是随气候变化而渐变的，不是清明一过，茶叶品质立马和前一天采制的大不同；除非气候剧变，明前最后一两天采制的茶叶和清明当天以及其后一两天采制的不存在极悬殊的品质差异。

除绿茶外，白茶、黄茶及部分红茶也有明前茶。青茶与黑茶一般要待萌发的新芽叶长到成熟或部分老化才开始采制：少数青茶4月初开采，大部分要到4月中下旬开采，武夷岩茶要5月开采，台湾白毫乌龙夏季才采制；黑茶多为粗茶，要等春茶过后才开采，这两类茶没有明前茶这种讲法。

中国茶名有故事

中国茶名尤其是名优茶的名字往往有一长串，其实这长串名字蕴含丰富的资讯，透露出产地、外形、香气、茶树品种、加工等大量产品信息。高档名优茶往往把采摘时间和原产地包含在名字内，这两个参数对品质影响很大，选购时要多加注意。以下举例解析中国茶名的组成和内涵：

中国茶名组成（基本茶类）

采摘时间	原产地	核心名字（寓意）
明前	西湖	龙井（初始产地）
明前	洞庭	碧螺春（色泽、外形）
明前	福鼎	白毫银针（外形）
春	祁门	功夫（加工）
秋	武夷	肉桂（茶树品种、香气）

杭州老龙井泉（左图）

果树与茶树间种的碧螺春茶园，碧螺春香气与当地茶园套种枇杷有关（右图）

龙井得名于初始产地西湖风篁岭的一泓泉眼，传说此泉大旱不涸，村民以为其深不可测，是通往龙宫的密道，故称其为龙井（早期也叫龙泓）。龙井茶在明代成名，此后产地逐渐扩大到西湖周边山区以及附近地区，后人按产地品质特征将产自西湖周边的龙井茶细分为狮（狮子峰）、龙（龙井村）、云（云栖）、虎（虎跑）、梅（梅家坞）五大特色产地茶，新中国成立后并称西湖龙井。西湖龙井现为国家地理标志保护产品，只有产自杭州西湖周围168平方千米西湖龙井产区的龙井茶才能用冠以"西湖"地域标志，浙江其他龙井茶产地的龙井不能用"西湖"二字。

碧螺春意喻碧绿的色泽和卷曲如螺的外形，民间传说此名是康熙（1654～1722年）起的。他到江南时喝到当地土茶，很是惊诧，问是什么茶，答曰"吓煞人香"，康熙觉得这名惊悚粗鄙，遂赐名"碧螺春"。洞庭碧螺春也是国家地理标志保护产品，茶客习惯把洞庭产地细分为东山（洞庭东山半岛）和西山（洞庭西山岛）两个特色亚区，如果买洞庭碧螺春时茶店老板说这有刚到的东山茶，可别以为他没有洞庭碧螺春。

银针一般指揉捻成针状的茶叶，白毫银针是表面密披白毫的针状茶。福鼎在福建北部，是白毫银针发源地，附近政和地区也出白毫银针，叫政和白毫银针，两地产品在外形、制法和口感上有细微区别。

功夫通常指该茶加工颇费功夫，祁门功夫初制后要经繁复精制，因此得名，也叫祁门红茶。祁门是我国著名红茶产区，在安徽南端靠近江西。祁门功夫要求茶汤有一定饱和度，故春茶常于4月中旬开采。国际市场把祁门功夫直译为"Keemun Congou"，或简称"Keemun Tea"。

肉桂是茶树品种也是香气特色，青茶多以茶树品种命名，比如铁观音、水仙、金萱等。武夷肉桂产于武夷山，是武夷岩茶之一，有特殊肉桂香。闽粤地区推崇香气高锐的秋茶，也有人中意滋味醇和的春茶，有"春水秋香"之说；台湾地区推崇产量稀少的冬茶，不过台湾"东方美人"则非夏茶不可。

核心名字相同的茶叶可能分属不同茶类，比如，白毫银针是白茶，君山银针是黄茶，千岛银针是绿茶。少数历史名优茶直接以产地名为茶名，像浙江余杭径山的径山茶、广西桂平西山的西山茶。普通茶和花茶通常不计较产地，比如，出口绿茶中的珍眉、大众绿茶里的炒青、茉莉花茶里的茉莉龙珠等。紧压茶则大多以形状命名，如沱茶、黑砖、七子饼等。

茶业供应链

上游之生产

中国茶叶种植以茶农经营为主，据业界估计，我国有 700 多万从事茶叶生产的农民，大多是家庭单位的小农户，户均茶园面积小，不适宜机械化作业。小茶农日常作业大多靠人工，旺季需额外雇佣劳力帮助采收。由于茶园面积小、生产效率低、对市场缺乏了解等原因，大部分茶农仅靠茶叶一项不足以维持家庭经济，需要同时从事其他农业活动和劳作。在文化经济比较落后、缺乏政府扶持或资金投入的地区，小茶农的茶园单产偏低，有些地区因夏秋茶销路不好，一年中只采春茶。虽然茶叶售价高于鲜叶售价，但是受加工水平、加工能力等诸多因素制约，不少小茶农没条件或来不及加工全部鲜叶，要向周边茶厂以及下乡收购鲜叶的茶商直接售卖鲜叶。

小茶农自家加工茶叶主要靠手工，条件较好的会购买电茶锅、包揉机、小型烘干机等微小型茶机提高生产力。名优茶内高档茶目前仍须高手手工炒制，制茶高手旺季所制茶叶基本不愁销路，一个茶季下来收入颇佳。不过，大多数制茶水平一般的茶农就赚不了那么多，有些地区甚至要担心卖茶难。大多数小茶农放弃采制夏秋茶的主要原因是茶园管理粗放使得夏秋茶品质不高，市场销路不好。此外，夏秋茶收购价一般很低，靠手工或半手工制茶的小茶农无法以规模效应降低成本，制作夏秋茶往往入不敷出。

中型或者大型茶园有民营、国营两类，后者是计划经济时代的产物，20 世

小型机采,机采茶园树高通常控制在0.7~0.8米,要经常修建树冠保持最优采摘面(左图)

手工采茶,栽培茶园通过修剪等手段把树高控制在0.8~1.2米,方便采摘作业(右图)

纪80年代茶业经济开放后,大部分国营茶园相继改制或转为个人承包。大中型茶园的管理较专业,单产较高。茶厂一般建在茶园附近,便于及时加工采下的鲜叶以减少耗损。大部分茶厂安装半自动生产线,一些大型茶厂会投资全自动生产线。生产线设计流程按主制茶类排布,不同茶类可共用部分设备,前提是安排好生产计划以防止串味。大中型茶园每年要招收大量季节工从事采摘作业,还有部分临时制茶工。随着劳动力成本升高和用工短缺问题加重,不少茶园面临采摘工荒,部分平地大中型茶园以推广机械化采摘应对这一困局,高山茶因山地地势起伏大,机械化采摘难度较平地茶大,不少高山茶仍以手工采摘为主。此外,高档名优茶仍须手工采摘以保障芽叶完整,得靠提早落实和提高酬劳保证工源,这也是近年来高档名优茶价格上涨的原因之一。

一些茶叶贸易商、出口商为控制源头品质,也会参与到茶园经营中:有投资建设自营茶园,有收购现有茶园,有和中小型农户签约以公司加农户模式建立生产基地。签约农户基本集中在同一地区,便于管理和形成规模效应,农户按公司要求生产,公司提供技术指导、良种推广、设备投资、品质控制、目标考核等服务并负责市场销售。

茶叶是农产品,基本茶类加工分初制、精制两个阶段。初制把易变质的鲜叶及时加工成便于保存的茶叶,鲜叶经不同初制工艺制成不同基本茶类。除了采摘和加工精细的名优茶,普通茶的初制品大多老嫩混杂,色泽匀度不佳,外形参差不齐,有些还含梗、片、末等副产品,影响卖相和口感,需要精制。精制有干燥、筛分、轧切、复揉、风选、车色、匀堆、拼配等多种工艺,按初制茶的具体情况选配不同精制工艺,按茶叶大小、形状、重量、色泽等物理指标整理归类,再拼配成外形齐整的各花色、档次的商品茶。再加工茶类一般以精制茶为原料，如以初制茶为原料则要先经精制处理。

名优茶精制较简单，只要按筛号筛分出大小规格，剔除少量碎末、黄片等杂质即可，外形较大的筛号茶含水量偏高，通常须复火干燥。普通初制茶的精制是项浩大的综合工程，除了复火干燥提香，还要经多种物理方法（例如抖筛、风捡、色选）按粗细、长短、轻重等因子进行分拣；初筛后条索过长的要轧切，过松的要复炒等，然后再进行二次分拣，如此反复处理，以获得规格齐整的各档筛号茶，再按配方把不同季节、产地、筛号的茶叶拼配成各类精制茶。大宗茶精制需要多款大型设备，工艺流程复杂，建厂投资高于普通初制厂，所以，精制茶投资方基本是大型生产商或贸易出口商。

中游之流通

中国、印度、斯里兰卡和肯尼亚四大产茶国中，后三者有专业茶叶拍卖市场，茶叶主要经拍卖市场进入流通领域。大生产商、拍卖代理商将茶样、底价、数量等详细材料送交拍卖市场，拍卖市场管理人员审核材料后汇总出拍卖名录，大多市场每周有两次常规拍卖，市场方收取手续费，成功拍下茶叶的买家要在规定时间内到生产商或拍卖行货仓提货。这几个国家都是红茶主产国，由于追溯和信用制度成熟，拍卖市场茶叶品质很有保障。中国没有类似的茶叶拍卖市场，国内少数茶叶拍卖活动不属于大宗商品拍卖范畴，更像稀有艺术品拍卖，以顶级茶品拍出天价造势，公关目的高于商品流通作用。

20世纪80年代茶叶统购统销取消后，茶业进入自由贸易阶段。中国茶叶品种繁多，地域性差异大，目前各产区辟有很多茶叶批发市场，有茶季出现的乡镇

上海城隍庙六杯香茶叶店（左图）

上海最老的茶楼：豫园湖心亭茶楼（右图）

临时露天市场，也有常年经营的固定批发市场，后者一般建在交通枢纽或区域中心，以铺面租售形式吸引商户入驻经营。大、中型城市的大型茶叶批发市场除了来自各地的茶叶，还有包材、茶具、包装设备等周边产品，是一站式综合市场，客户以当地餐饮业者、企业机关和零售商为主，也招待散客零卖。

部分名优茶产区建有合作社，组织当地小茶农协力打造与维护地方品牌，同时增加市场话语权。大型茶园有更多资金打造自家品牌，建设流通渠道，比如设立区域代理、直营专卖店、特许经营和加盟、网络销售等，也有进入大中型商超、连锁便利店等商业渠道销售的。无店铺网络直销因投资小，在新一代中小茶农中较受欢迎。

下游之市场

中国人对茶叶的香气滋味要求颇高，因此喜欢原叶茶，国外流行的袋泡茶在此水土不服。普通袋泡茶选用细碎茶片或茶末，出汤速度快，但香气滋味的鲜活度、浓度和层次感不及原叶茶。可容纳原叶茶的三角茶包（也叫金字塔茶包）冲泡后茶叶舒展空间仍有一定制约，影响浸出效果。即便为高档茶设计的加大型三角茶包，茶叶虽能在其中充分舒展，但无法清晰欣赏泡开的茶叶，也难打动注重内质外形的中国消费者。

为何袋泡茶没在中国流行？

虽然受咖啡、软饮料的冲击，茶文化在英国仍颇有根基，工间休息叫"Tea Break"（茶歇），酒店房间有热水壶，办公室有茶水间，当然大部分是袋泡茶。

笔者在英国出差时遇到件趣事，某次正喝着带去的枸杞，一英国同事很奇怪地问，你怎么能这么喝？笔者一头雾水，喝枸杞有问题？问后才知道他奇怪的是我没把枸杞滤掉就开喝。后来我注意到西人喝茶，即使是整片原叶茶，也要滤去茶叶后喝。他们的茶壶有滤网，或配装原叶茶的滤球、滤袋什么的。中国人习以为常的撮泡喝茶，在他们看来真是怪，怎么能排除悬浮叶子的干扰喝到液体？

这种饮食习惯差异也许是袋泡茶在彼流行，在此不流行的潜因吧？历史上袋泡茶的出现早于CTC红碎茶，原叶茶时代的西人就发明了袋泡茶。对他们来说，袋泡茶切实省略了茶叶过滤步骤，减少了需清洗的茶具，提高了效率；对习惯茶杯撮泡的中国人来说，茶叶本不需过滤（除非低档茶末子或传统乌龙，前者不过滤会喝到碎末，后者主要以功夫泡饮用），袋泡茶何来省时省力？

如此说来，饮茶一事上，中国人的唇舌岂不是节能减排了好多碳足迹？

为迎合中国消费者崇尚原汁原味、靠"看茶"协助判断品质的购茶习惯，一些小包装茶的包装设计会开个"可视窗"，方便看到里面的茶叶。即使在小包装茶普及的今天，茶叶零售店、批发市场等专业茶铺仍保留散茶销售这项传统服务，各色散茶放置在一个个密封大茶罐里，消费者购买后当场称量当场包装。有些商超茶叶专柜也有散茶销售。随着终端市场各类小包装茶比重的增加和品牌意识的深入，越来越多的消费者选购茶品从看茶买茶转向以品牌或经销商声誉抉择，网购也成为实体茶店之外便捷的新选择。

中国还有一个颇具特色的礼品茶市场，这个市场购买能力很高，可惜不少送礼人还停留在只送贵的，不送对的；只送大的，不送巧的心态。为了满足这种不成熟心理，礼品茶大多以喧嚣招摇的包装出现，庞大而充满填充物的层层包装成功地把里面的茶叶衬成可怜九月初三夜的露珠月弓，难道是报复性地把多年不喝袋泡茶省下的碳足迹从礼品茶包装上找补回来？希望随着礼品茶市场理性回归，这类喧嚣包装能早日退市。

外销仍以大宗茶为主，绿茶是主要出口品种，近年来，特种茶外销数量有所上升，但所占比例仍很小。外销茶叶要求实行茶园登记备案制度并接受出口商检。

泡茶方法论

泡茶四要素

冲泡茶叶要掌握水、茶、器、时四个关键。

◆ 水

水为茶之母，好茶要用好水沏，不然，茶的好无法绽放。泡茶用水要洁净，陆羽《茶经》以泉水为上品，古人还有采集号称"天泉"的雨、雪水泡茶；现代大气和水污染使古代大多"好水"都落马了，现在泡茶用水首选便捷的优质瓶装水，若所在地区自来水水质好或有未被污染的清泉，也能用来泡茶。本地泉泡本地茶最能出彩，因为历代茶农多用本地泉试茶，两者的默契度会比较高。

煮水时，水中溶解氧含量随水温升高而下降，煮过头或反复烧开之水，溶解氧含量偏低，茶汤鲜爽度（活性）会打折扣，因此，泡茶用水提倡现煮现泡，最好别煮过头。泡茶水温关系到茶汤香气、水溶性物质浸出速度，水温偏低，茶汤香气不扬、浸出速度慢；水温偏高或反复烧煮，茶汤失活闷浊或浸出过度

选茶攻略

- 到信誉好的商家买茶或购买有口碑的品牌。
- 适量购买一些名优茶以丰富口感，培养鉴赏力。
- 选购茶叶时，挑选独立密封包装量小的，比如，名优茶50克装或单泡装，普通茶100克或125克装。以陈化为目的的黑茶和生普不需如此。

选购中高档散茶时请注意以下三点：

- 外形匀整，碎末、片梗含量少。
- 整体色泽较均匀，不枯暗有自然润泽度。
- 闻上去有茶叶特有的香气，无异味。

若可开汤品茶，请注意以下三点：

- 汤色透明不浑浊，有自然光泽。
- 香气、口感纯正，无异味、不涩口，好茶饮后有明显回甘（口舌生津感）。
- 泡开的茶叶匀整度好，有光泽，芽叶有质感不单薄。

选购茉莉花茶开汤试茶时建议冲泡两回，鲜花窨制的第二泡仍花香持久，香精调制的第二泡花香大减。

藏茶守则

- 启封的茶叶不要久置不喝（黑茶、普洱茶无所谓）。
- 每次取茶后仔细封好铝箔袋自封口或以夹子夹紧，也可连茶带包装袋一起放入金属茶罐，取用后关紧罐盖。
- 置于干燥阴凉通风处，避免阳光直射和风口，不要与有强烈气味的物品混放。
- 日常饮用的优质绿茶夏季若放冰箱，每次取茶易快取快放，减少暴露于室温的时间。
- 暂未启封开喝的中高档茶如是氧化度低的绿茶或轻发酵乌龙茶，最好放冰箱冷藏保存。为杜绝长期存放吸潮串味，建议在原内盒包装之外加套一厚实食品保鲜自封袋。球状包种较不怕压，可去掉内盒在铝箔袋外套食品保鲜自封袋以节省存放空间。
- 上述长期冷藏的茶如要启封开喝，取出后等冷凝水消退，再打开自封袋然后启封。
- 普洱和黑茶类后发酵茶不要密封，每次取茶后用原纸质包装包好，或放入纸盒或陶罐，环境要求同上。
- 如果生普紧压茶数量多，可叠放在无异味的纸箱中盖好，或拆去包装裸放在大陶罐中叠好再以纸或竹箬封口。纸箱要放架子上或垫高防潮。隔数月或半年置换一下箱里或罐中茶的叠放位置，顺便检查生普陈化情况。

而苦涩。

不同茶叶具体的呈香呈味物质组成不同，适宜冲泡水温和适宜浸泡时间也因此各异。各大茶类冲泡水温请参见本章第52页"普通泡法水温与时间参考表"。

◆ 茶

中国人喝茶喜清饮，在日常饮食动辄热量超标的今天真是个好习惯！一杯清茶几乎不含卡路里，而且，茶叶具有多种保健功效，其中利尿、降脂降糖、促进消化代谢这几项功能更有助排毒减负。此外，饮茶还有增强免疫功能、延缓细胞衰老等整体保健功效。

业界专业审评的投茶量是茶水比1∶50，专业审评杯碗有大小两种制式，大号设定5克茶加250毫升水，小号3克加150毫升，本文中国茶图录所摄茶汤均按专业审评法取样冲泡。大多普通消费者喝茶比专业审评淡，投茶量一般在1∶75~1∶60之间；功夫泡投茶量茶水比是1∶30~1∶20。关于茶叶用量，没人会比你更了解自己的口感，你可以根据口感调整投茶量。

面对市面上琳琅满目的茶叶商品，消费者大多按个人喜好、朋友或商家推荐选择，上页"选茶攻略"和"藏茶守则"供你选茶藏茶时参考用。

◆ 器

工欲善其事必先利其器，自陆羽《茶经》把饮茶升华为茶道，茶具就是茶道不可或缺的组成。中国茶道终极目标是茶饮品质，品饮方式和茶具一直随茶叶加工技术的演化和茶品质量的提升而变化：从唐代陆羽《茶经》煮茶24件，到宋代《茶具图赞》点茶12件，再到元明煎茶的茶瓶、明清泡茶的茶壶，茶具发展的主流趋向简约精炼。现代茶具有茶壶和配套饮杯，茶船、壶套、茶荷、茶道组合等兼具装饰美学和实用功能的配件，此外，还有盖碗、茶杯、飘逸杯等泡饮一体化茶具，以及类似咖啡机的茶叶冲泡机这类适合快速高效泡制茶饮的自动或半自动设备。

市场常见家用茶具的材质主要为瓷、陶、耐高温玻璃，各有特色。

• 瓷茶具表面光滑，不吸附茶香茶味，保温性能适中，有素瓷和彩瓷多款选择，便于搭配不同茶类。例如，白瓷茶具可配大部分茶类，青瓷茶具配绿茶、包种茶，骨瓷茶具配红茶、花草茶，青花瓷茶具配绿茶、茉莉花茶，等等。同饮食用瓷具一样，请选安全性高的釉下彩瓷。

• 陶分釉陶与无釉陶两大类，釉陶茶具不吸附茶香茶味，保温性好于瓷器，可按釉色搭配茶类，适宜冲泡水温要求高的茶类。无釉陶茶具以紫砂壶最出名，保温持香性能佳，能吸附茶汁醇化口感，特别适合冲泡香高味浓的茶类，鉴于紫砂壶凝香吸味的特点，提倡一茶一壶，以防串味。

• 耐高温玻璃茶具能直观展示茶叶泡开的全过程，玻璃导热性好，适合冲泡

瓷盖碗（泡饮一体化茶具）
（上左图）

飘逸杯（泡饮一体化茶具）
（上中图）

玻璃茶具组（茶壶＋饮杯）
（上右图）

瓷和釉陶茶杯（泡饮一体化茶具）与饮杯（中图）

功夫茶闻香品茗杯组(下图)

茶道组合各组件[自左至右：茶漏（上）、收纳茶道组合组件的瓶（下）、茶针、茶匙、茶拨、茶夹（左图）]

随手泡（煮水专用电壶）（右图）

外形漂亮、芽叶舒展后观赏性好的茶类。为避免饮用时烫手，可选双层玻璃杯或带有防烫护圈的玻璃杯。

现代研究发现，茶垢含有不利人体健康的重金属元素，因此，茶具使用后要及时清洗以免积累茶垢。瓷、釉陶、玻璃茶具表面光滑，日常清洗用清水即可，如长期使用发现茶垢积累，可用餐具洗涤剂配专用柔性洗刷片或者刷子清洗，确保冲洗干净。紫砂和其他无釉陶不能用洗涤剂清洗，以免内表面大量毛细孔吸附残留洗液，这类茶具用后要及时用清水洗净晾干，万一有茶垢积累，可用刷子反复轻轻刷洗。

现代虽不提倡紫砂壶积累茶山（茶垢），但养壶仍有雅趣：一把紫砂壶使用一段时候后要停用两三天，此举旨在彻底晾干该壶毛细孔内残存水分，全面恢复紫砂的透气吸香能力；平时用洁净的棉布擦拭壶表或用干净的双手摩挲，淋壶时可用残余的茶汤，时间久了可在壶表形成自然润泽的包浆。

◆ 时

泡茶时，浸泡时间过短茶味单薄，过长易闷浊或苦涩。不同种类与嫩度的茶叶对浸泡时间要求不同。下页的表是常见茶叶（非碎、末类）按普通泡法的适宜冲泡水温与浸泡时间。表中水温与时间参数为广义参数，具体冲泡要视茶叶嫩度、个人口味等因素在此范围内微调，水温微调一般遵循三个普遍规律：

1."嫩茶嫩泡，老茶老泡"，嫩度好的茶冲泡水温宜低，以免闷熟或烫坏茶芽。同为绿茶，明前碧螺春水温70℃就可以了，雨前龙井85℃不错，普通炒青绿茶95℃。茉莉花茶中，嫩度好的茉莉龙珠水温约90℃，普通烘青茉莉花茶视茶坯嫩度在90~95℃间选择水温。白毫乌龙（东方美人）采摘嫩度高于其他乌龙茶，且是夏茶，水温过高易苦涩。

普通泡法水温与时间参考表（茶水比范围：1∶75～1∶50）

茶叶品种	冲泡水温（℃）	浸泡时间（分钟）
绿茶	70～85（名优绿茶） 85～95（普通绿茶）	1.5～2 1.5～3
红茶	90～95（细嫩红茶） 95～100（普通红茶）	3～5
青茶	80～85（白毫乌龙） 90～95（台式清香乌龙与包种） 95～100（传统工艺乌龙）	1～2
白茶	80～85（全芽茶） 85～90（芽叶茶）	4～6
黄茶	70～85（细嫩黄茶） 85～95（普通黄茶）	1～3
黑茶	95～100	0.5（熟普与六堡） 2（其他黑茶）
茉莉花茶	85～95	1.5～3

2．"低氧化度茶嫩泡，高氧化度茶老泡"，原料嫩度差不多的茶叶，氧化程度低的冲泡水温要低，反之则高。通常情况下，绿茶冲泡水温低于红茶；生普冲泡水温低于熟普；传统铁观音氧化度高于清香型铁观音，前者冲泡水温100℃，后者90℃左右即可。

3．"轻焙火茶嫩泡，重焙火茶老泡"，青茶焙火最有讲究，焙火重的干茶色褐，焙火轻的干茶色绿。重焙火武夷岩茶冲泡水温100℃，轻焙火文山包种90℃左右就行了。

留根或尽根

品饮中国茶以普通泡法冲泡一般泡三回，大多数茶第四泡茶汤虽有茶色，但滋味明显不足，品饮价值不高。以细碎茶叶为原料的袋泡茶通常浸泡3~5分钟后取出茶包丢弃，若冲第二泡，味道会差很多。功夫泡法因投茶量大以及每回浸泡时间大为缩短，一般可泡五六回；部分内质丰富的茶叶采用功夫泡法可泡七回，比如上品铁观音有"七泡有余香"只说，指其香韵持久，第七泡时汤虽淡但香犹存。

可多次冲泡的原叶茶在饮用或出汤时有留根和尽根两种做法。"留根泡"要求续水前留少许茶汤盖住茶叶；"尽根泡"要求续水前把茶汤喝光或倒尽。留根泡残留茶汤以恰好浸没茶叶为佳，目的是隔离湿润茶叶直接接触空气中的氧气，绿茶、黄茶、白茶这类氧化度较低的茶一般采用留根泡。红茶留根泡或尽根泡随意,大部分乌龙茶以尽根泡为宜,不然易产生涩口感。最后一回冲泡后不用留根,喝光不浪费。

道法自然

中国茶道即中国茶品饮之道,因茶这一自然存在而生,不拘泥定规,不刻意做作,随茶、随心、随时、随地而变。中国茶道流传至今,貌似形散实则神聚,其核心精神与老子的"道法自然"吻合。

"道法自然"的中国茶道在追求最佳品饮效果时秉持"生而不有,为而不恃,长而不宰"的开放式谦虚和包容。各大茶类有顺因各自特色的优选品饮法,具体方法将在特色茶类章节分别介绍。如环境条件不足,有因地制宜的应变之道,陆羽《茶经》"九之略"便是面临不足时因地制宜的变通茶道。在现代,因地制宜的茶道也有不少发挥之地,例如现代办公室饮水机热水温度在 90℃左右,水温局限是无法克服的不足,但通过变通茶道处理能尽量减少负面影响:冲泡水温要求低的名优绿茶时,可先注大半杯热水,待温度降到不烫手时投入茶叶稍润一会,再添入少量热水。冲泡水温要求高的茶叶时,可先温杯,再洗茶,提高冲泡温度。

花茶茶艺(陈瑛)－润茶摇香(上左图)

龙井茶艺(陈瑛)－温杯(上右图)

乌龙茶艺(陈瑛)－悬壶高冲(下图)

傣族竹筒茶艺（周艳）

童子观音茶艺

现代茶艺是中国茶道的艺术升华，富有审美情趣的茶艺表演根源仍要坚持以茶为本，应茶而为。比如冲泡名优绿茶常用的凤凰三点头手法，在执壶注水时上下升降三次，利用水流变化使茶叶在水中翻滚，有助于缩短浸泡时间，提高鲜爽度和均匀茶汤。而名优绿茶中的碧螺春密披白毫，如用凤凰三点头冲泡会产生毫浑，影响茶汤视觉效果，因该茶卷曲紧实下沉速度快，通常换先注水后置茶的

上投法冲泡。再如高香乌龙茶宜悬壶高冲扬香，茉莉花茶以回旋注水法低斟保持首泡鲜灵度等，限于篇幅，本文不对茶艺作深入探讨，简而言之，上品茶艺表演要按茶设计流程，配器、布局和手法上尽量去芜存菁，化繁为简，忌故弄玄虚堆砌不必要花腔。

茶风与茗俗

中国悠久的饮茶历史、广袤的疆域以及丰富的人文地理哺育了多姿多彩的饮茶风俗，这里采撷几则源远流长、特色鲜明的茶俗。

客来敬茶

唐代茶风大兴，寺院以茶奉客的做法亦普及全国。宋代流行"迎客茶送客汤"礼俗，客至点茶奉迎，客辞点汤恭送，汤料是磨成细粉的芳香性药材，其中必含甘草。北宋朱彧成书于1119年的《萍洲可谈》称"此俗遍天下"，不过他也提到其父出使辽国时，辽地待客先点汤，喝完汤接着点茶奉客。

这套完整的礼俗流传到元代有所变味，元杂曲《冻苏秦衣锦还乡》中有主人家点汤逐客的段子，点汤让客人告辞前润喉补气的体贴异化成一些人隐晦的逐客手段。可能因配料麻烦，送客汤后来彻底消失了，迎客茶则由于茶在中国人生活中的重要地位保留下来。元代和明代早期，奉客或点茶或煎茶，明代中后期之后，客来敬茶大多是泡茶。

清代官场流行盖碗茶，下级拜访上官时的客来敬茶纯是虚架子，除非上官罕有地主动端碗饮茶并举手请茶，下级万不敢碰自己面前的那碗茶，不然会被认为无礼不识相。不但如此，还演变出端茶送客恶俗，上官一旦起盖碗举而不喝，家里的奴才便立马高唱"送客"。万幸这种装十三的小人摆谱行径只流行于清朝官场没污染民间。

直到20世纪70~80年代，大部分中国家庭仍保留着客来敬茶的传统礼俗。80年代国门开放后，饮

客来敬茶（上海市茶叶学会少儿茶艺活动）

品种类多元化，方便快捷的瓶装水、茶饮料、软饮料等常用以待客，咖啡待客也时有出现，现在只有老派人家还会泡茶待客，也许未来泡茶机普及后，客来敬茶又会重演？

三茶六礼

三茶六礼原为中华婚礼中最隆重完整的全套明媒正娶仪式，后泛指正规婚礼。六礼据说是西周（公元前11世纪～公元前771年）创始者周武王之弟周公旦制定的，他也是周公解梦的那位周公。六礼分纳采、问名、纳吉、纳征、请期、亲迎六大项，全套六礼程序非常繁琐，历史上只有颇为讲究的官员勋贵才严格遵守，普通平民或不甚讲究的人家通常对六礼具体程序加以合并删减。

三茶的出现比六礼晚很多，大约是宋代演化出来的婚俗。三茶礼俗因地域文化不同而说法各异，有说是纳征订婚时"下茶"，亲迎完婚时"定茶"和洞房时"合茶"的统称；也有说是洞房前新人喝的三道茶汤，江南地区的三道茶分别是：第一道甜甜蜜蜜百果汤，第二道早生贵子、连连生子红枣莲子汤，第三道甘苦与共的清茶。此外，其他地方性说法，这里不一一介绍了。

"下茶"风俗起于宋代，各地传统订婚都有下茶之说，无论家境丰俭，订婚时男家送女家的聘礼一定要有茶，以合"下茶"之意。女家受聘叫受茶，受茶后给男家的回礼也得有茶。古人因栽培技术所限，茶树只能靠茶籽萌发长成，移植扦插宜枯死，因此，"下茶"隐喻像茶籽般坚贞不移。谚语"一家女不喝两家茶"就是说订婚女子不可随意改主意，为避嫌，古代不能随便送茶给有妙龄女子的人家，除非彼此非常熟悉则无此顾忌；《红楼梦》里王熙凤送林黛玉茶叶后戏谑"你既吃了我家的茶，怎么还不做我家的媳妇？"就是借用此民俗涵义打趣。

寓意婚姻敲定的"定茶"仪式在完婚典礼上举行，祷祝夫妇好合的"合茶"仪式则在洞房中进行。"定茶"要求新人向双方家长敬茶，现代婚礼上新婚夫妇向双方父母敬茶有着"定茶"的影子。

客家擂茶饭

客家是汉族的一个分支。秦统一中国后曾南迁中原汉人以充实岭南地区，后来，历史上中原地区发生过数次重大战乱，每一次都有相当数量的中原汉人逃亡到当时边远的粤赣闽交界处，或继续深入岭南地区避祸。这些移民聚族而居并与当地土著通婚，吸纳、同化中原汉文化以及少数民族文化的同时仍保留许多早已在中原消失了的古老的汉文化，形成独特的客家文化。客家是个迁移的族群，

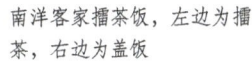
南洋客家擂茶饭，左边为擂茶，右边为盖饭

南洋一带也有不少迁居的客家人。

擂茶饭是客家特色饮食，有饭有汤，饭是铺着各种炒煮好并切细碾碎的浇头的白米或糙米饭，浇头通常是花生碎、虾米碎、青菜末、萝卜干丁、豆角丁、豆腐干丁等，汤就是粉绿的擂茶。客家话里"擂"是碾磨的意思，据说擂茶最初的做法是采茶树鲜叶加生姜、生米一同碾碎再加水煮汤，有远古煮食茗粥之风。后来擂茶原料改成绿茶、芝麻、花生、薄荷叶等材料，放在擂钵中兑少许凉水以擂研研磨成糊，冲入开水调匀并加盐调味，颇似粗糙的点茶调饮法。现在也有用食物搅拌机研制擂茶。

吃擂茶饭时既可将擂茶倒入盖饭拌着吃，也可将擂茶当汤喝，可惜笔者实在不习惯这种类似唐代调饮的咸香擂茶。每次吃擂茶饭基本是只吃饭不喝茶，最多偶尔试着抿一两口茶，边喝边想，历史上清饮最终打败调饮，最大的原因恐怕不是文人雅士的鼓吹而是全民的味蕾吧？

景颇、德昂腌茶与苗瑶侗油茶

景颇、德昂是云南两个古老的少数民族，喜欢饮茶外还嗜好口感酸绵的腌茶。腌茶是相当古老的原始食茶法，通常于雨季采摘腌制，当零食或下饭用。

景颇竹筒腌茶制作时，先将采来的鲜叶蒸煮几分钟软化，然后摊放在竹帘上沥去水分稍作揉搓，接着装入大竹筒用木棒层层舂紧，以竹叶堵紧筒口后倒置于土坑内。二三个月后，竹筒内的茶叶发酵变黄，劈开竹筒取出腌好的茶晾干，再装罐或浸泡在芝麻油中随时取食。

德昂腌茶与景颇的做法稍有差异，茶叶采摘后直接放入灰泥缸或陶缸中层

层压紧，装满后以重物压紧盖严缸口，三个月左右取出腌好的茶拌香辛料食用。腌制时也可加盐、辣椒等同腌。

毗邻云南的缅甸、泰国境内也有这两个民族，缅甸景颇族（当地称克钦族）也用竹筒腌茶，该国谚语称"最棒的果是芒果，最好的肉是猪肉，最赞的叶是腌茶"，缅甸腌茶还出口到东南亚国家。泰北既有竹筒腌茶也有土坑腌茶，后者在地上挖坑拍实后铺上芭蕉叶，放入鲜叶压实腌制。

另一种古老的原始食茶法是我国云贵地区苗、侗、瑶等少数民族的油茶。制作油茶时，采摘新鲜茶叶用油炒过，然后加调味料和水烹煮，再加炒熟的花生、玉米、糍粑、豆腐、肉类等食材一起大快朵颐。

傣族、布朗族竹筒茶

掺上蒜瓣、青红辣椒碎等配料的腌茶（上图）

藏族酥油茶（下图）

傣族、布朗族也是世居云南的少数民族，他们喜用竹子当模具制作带竹香的竹筒茶。竹筒茶砍伐一年生竹子为筒，装入晒青散茶并层层舂实，装好茶的竹筒放在火塘边翻转烘烤，烘烤时筒内茶叶吸收竹的清香，风味独特。竹筒烤黄后竹筒茶即告成功。喝时劈开竹筒取出茶条，掰取适量放入茶碗或竹筒杯内以滚水泡饮。

藏族酥油茶

藏族住在空气稀薄、紫外线强烈的青藏高原。这座世界最高的高原上有众多高大的山脉，南部喜马拉雅山上有世界最高峰珠穆朗玛峰，险峻的高寒地理使得蔬菜瓜果无法生长，生鲜运输也很困难。藏人传统饮食主要为红肉、青稞和奶制品，长期食用这种酸性结构饮食易引发消化道及心血管疾病，茶在唐代传入藏地后，很快成为藏人生活必需品，饮茶可帮助消化、提神振奋、平衡膳食结构和补充营养，茶也较其他碱性食品更便于运输保存。

藏胞主要喝酥油茶，酥油茶所用砖茶是原料粗老的紧压黑茶，酥油是牦牛奶提炼的黄油。身披厚毛的牦牛是高寒地区特有的抗寒牛种，提取酥油时把稍稍加热的牦牛奶倒入大木桶，用木棒奋力上下搅击，使牛奶里的乳脂肪分离上浮，将上浮的乳脂肪舀入皮袋滤干即是微黄的酥油。打完酥油余下的液体中含乳蛋白，可制作奶渣。

制作酥油茶时，先将打碎的紧压茶放入水壶煎熬约半小时，滤渣倒入长柱型酥油茶筒内，再加适量酥油和盐巴，以配套木棍反复上下搅打使酥油与茶浑然一体。打酥油茶是个力气活，搅打时凭手感和筒内发出的声音来判断茶是否打好。打好的茶倒入茶壶里搁火炉上暖着，以便随时喝上温暖滋润的酥油茶。为满足家人全天的饮茶，一天常要打几次酥油茶，现在有电动酥油茶机，打酥油茶比以前方便多了。

藏胞为什么不用牦牛奶直接调制奶茶，非要费力地先打酥油再打酥油茶呢？藏地严寒是一个主要的原因，高寒气候下，液态奶易冻，造成乳蛋白失活影响口感和营养价值，因此要及时把牛奶制成不易冻的酥油和其他奶制品。低海拔牧区藏胞会用鲜奶调制奶茶，维、蒙、哈萨克等少数民族同胞也以喝奶茶为主。

傣族竹筒茶

抹茶风味的绿茶糖浆，可快速调制多款绿茶冰饮（下图）

风俗的形成与当地地理人文有密切关系,中国还有不少地方性茶俗,充分显示了茶在中国的普及和饮茶的灵活多样性。时代的发展也为饮茶增添了新的风尚,比如沪上酒吧以绿茶饮料兑芝华士酒调制鸡尾酒;咖啡馆用鲜奶和绿茶为原料制作绿茶拿铁等做法。不管这些新风尚是否能成为经典,茶这个主角始终在中国人心目中拥有非同寻常的地位。

乐泡智能茶饮机
(上海天泰茶业科技有限公司自主研发生产的"乐泡"智能茶饮机,在技术上具有"智能识别、单杯封装、原叶鲜泡、快速萃取"的特色优势,是全球首创的创新创意产品,时尚演绎了中国茶道"茶,因人而异;道,因茶不同"的智慧精髓。)

第三章 绿茶
源远流长的经典

吃茶去……

——唐代赵州从谂禅师禅机

中国绿茶工艺

绿茶是六大基本茶类中氧化程度最低、加工时间最短的茶类。绿茶初制加工关键步骤依次为：杀青 – 做型 – 干燥。

1. 杀青是利用高温快速处理鲜叶以固定叶色兼散发青臭气。杀青的高温钝化了叶细胞中的氧化酶，使之无法再催化茶叶多酚类发生剧烈酶促氧化而引起红变；杀青也使鲜叶失水变软，既浓缩了茶汁，又降低了做型时的断碎率。绿茶杀青后要及时摊凉，不然易产生闷浊气或黄变。

2. 做型是通过揉捻、炒压、理条等不同手段处理杀青叶使之成型，例如，碧螺春要揉成螺状，雨花茶要搓成针状，龙井茶要扣压成扁平状。做型时杀青叶受力后细胞膜破损率加大，大量内含物质渗出混合，形成绿茶特有内质。

3. 干燥是当萎凋叶达到理想内质时降低茶叶含水量，以阻止进一步理化反应，起到固定品质和定形的作用。干燥充分有助于茶叶保存。

中国茶之经典——绿茶

中国绿茶源流

中国历史上关于绿茶的最早记载出自陆羽《茶经》，虽未见"绿茶"二字，但所载饼茶加工法全程为"晴，采之，蒸之，捣之，拍之，焙之，穿之，封之"。晴天采摘的鲜叶经蒸汽高温杀青再做型干燥，当属绿茶里最传统的蒸青制法。蒸青绿茶始于何时尚无确切考据，但在《茶经》问世的中唐已是相当普及的成熟工艺。虽然唐代诗人刘禹锡（公元772~842年）的《西山兰若试茶歌》提到寺院僧炒茶，这种"斯须炒成满室香"的炒法更像个别僧人求新求真的另类制茶法，并未成为当时稳定成熟的工艺。

自唐直至明代中期漫长的历史年代里，中国人饮用的茶品几乎全是蒸青法加工的各色绿茶，陆羽《茶经》提到饮有饼、粗、散（叶）、末茶。其中饼、散、末是茶品外形特征，唐代受交通储运等客观条件的限制，外形紧实受潮速度相对慢的饼茶是当时的主流茶品；粗茶是按品质划分的低档茶，外形上可能多制成主流的饼茶状。这些蒸青茶在唐代之后的大致发展轨迹可归纳如下：

自宋代起，随着储运条件的提高和茶叶消费的深度普及，大众市场上饼茶的份额慢慢被加工更便捷的散茶所蚕食；高端市场上饼茶则完败于加工更考究的龙凤团茶（即御制研膏茶）、研膏茶和高档散茶。

到元代，散茶已取代饼茶成为当时主流茶品；饮用方便的末茶受实用主义饮茶风尚影响在北方颇受欢迎；龙凤团仍作为贡品继续生产，但研发上已陷入保守状态，研膏茶则几乎销声匿迹；传统饼茶萎缩到只存在于极少部分运输条件落后的偏远地区，且以较粗老的饼茶为主。

明代是中国茶叶大变革的年代，早期因朱元璋罢龙凤团改芽茶（高档细嫩散茶）而一举肯定了散茶的领导地位，催化了散茶工艺的飞跃性发展；中期锅炒杀青技术大成，香高味隽的锅炒杀青散茶淘汰了历史悠久的蒸青散茶成为主流茶品，与之相配的泡茶法取代了早先流行的点茶法和煎茶法，饮茶更方便、更生活化，刺激了茶叶消费量的进一步增长。

锅炒技术不但带来绿茶加工与品饮方式的革命，也启发了新一轮技术创新。明末清初在干热式锅炒工艺的基础上衍生出大量工艺变革，通过不断改进调试，创造出红茶、乌龙茶等不同以往色香味的全新茶品,并逐步发展建立起现代各基本茶类和主要再加工茶类的成熟工艺。

中国绿茶分类

中国绿茶种类繁多,按加工方式可细分为四个代表性分类:

• 蒸青:采用蒸汽杀青制作的绿茶,是非常传统的绿茶。明代锅炒杀青技术普及后,草青气较重的蒸青茶在中国沦为罕见的非主流绿茶,湖北恩施玉露是现今硕果仅存的蒸青历史名茶。20世纪80年代茶业开放后,中国厂家从日本引入蒸青生产线开展加工出口业务,目前国产的大宗蒸青茶主要出口到日本和其他海外市场。

• 炒青:采用锅炒、滚筒滚炒等干热方式杀青,干燥时茶叶在锅中或滚筒内炒干的绿茶。炒青绿茶在干燥过程中持续受力,内含物质继续渗出,成品滋味爽锐,香气高显。炒青是现代中国绿茶中最主流的品种,著名的龙井茶(扁炒青)属于炒青绿茶,中国出口绿茶主打品眉茶和珠茶分别是长炒青(眉形)和圆炒青(圆形)。

• 烘青:采用与炒青同样的干热方式杀青,干燥时茶叶平铺在烘笼上或烘干机内静态烘干的绿茶。为保证干燥均匀,烘干过程中会适时翻茶,因干燥过程中无外力作用,烘青绿茶滋味鲜醇,香气清正。黄山毛峰属烘青绿茶,花茶茶坯大多采用烘青,因其纯和的风味能更好地衬托茉莉花香。

碧螺春手工揉捻(左图)
龙井茶手工炒制(右图)

- 晒青：采用与炒青一样的干热方式杀青（杀青温度略低），干燥时茶叶平铺于日光下晒干的绿茶。晒干过程中也要适时翻茶，以便干燥均匀。晒青茶晒干时温度低时间久，香气含蓄带特有的日晒味。因加工成本低，传统晒青大多为原料和工艺较粗放的低档绿茶。新中国成立后，大部分传统晒青改制为烘青，只有少数地区因传统特色需要保留生产。现代普洱茶的原料就是云南大叶种晒青茶。

现代制茶工业还有用微波杀青和干燥的，这种新处理方法原理上近似干热杀青和静置干燥。

中国绿茶特色

绿茶这个叫法出现的年代远远晚于该茶类本身。自唐直至明初，中国人喝的几乎都是绿茶，或饼（团、片、腊），或散（叶、茗、芽），或末，绝大部分在工艺上属于蒸青绿茶，但未见绿茶这种叫法。直到明末清初，随着红茶、乌龙茶等不同以往色香味的新茶类的出现，才有绿茶、红茶这种按色分类的叫法，不过，早期的按色分类法不是严谨的科学分类，仅为直观简单的汤色分类。徐珂（公元1869~1928年）编撰的清代掌故遗闻《清稗类抄》饮食类中提到："茶肆所售之茶，有红茶、绿茶二大别。红者曰乌龙，曰寿眉，曰红梅。绿者曰雨前，曰明前，曰本山。"可见清代茶肆红绿茶分类只是笼统按茶汤色泽偏红还是偏绿分，按现代科学分类法，汤色偏红的乌龙和寿眉在工艺上不属于红茶类。

绿茶内质受产地、茶树品种、加工手法、加工技术、采摘时间、采摘标准等多项因子的影响。中国绿茶品种之丰富、佳品之多举世无双，由于内需旺盛，很多名优绿茶基本被国内市场消化了，出口市场罕见其踪影。中国绿茶的特色与比利时啤酒颇为相同，比利时鲜酿啤酒品种之多具世界之冠，大酿酒商和迷你作坊并存，既坚持传统又鼓励创新。比利时国内销售的啤酒种类多达数百种，远远超过该国出口啤酒品种，有几款特殊啤酒非由特定的几家修道院酿制不可（像不像径山茶这类寺院茶）。出口品种远少于内销的原因既有某些特种啤酒供不应求的客观制约，也有某些酒商爱惜羽毛的主观限制，因为某些特种啤酒对新鲜度要求极高，现有保鲜手段无法延长其保鲜周期，为了保证口感品质只做区域内销。由于品质靠谱，选择多样，比利时啤酒声名在外，墙内开花墙外香的结果就是海外消费者"山不就我，我来就山"，专门参加比利时啤酒之旅来品尝各款鲜酿特种啤酒。

他山之石可以攻玉，中国茶业不妨参考比利时啤酒业，注重品质，兼容并蓄，以国内市场为本，再兼顾国际市场。在生产上坚持品质化、多样化、差异化和特色化，专注发扬中国绿茶产品结构丰富的特色。不要放弃多元化天赋优势主观盲目地搞非市场导向的扩大整合，轻视乃至鄙视有品质有技术的中、小、微型茶企，别总拿中国茶业与立顿比，那等于让大卫放弃投石机去模仿戈里亚；即使在立顿创始国英国，当地茶企也没把立顿当标杆或励志对象。放弃天赋的多样化优势去模仿立顿这种以量制胜的成熟快消品做法，绝对是中国茶业削足适履的自残。

说到品质，特色茶园茶是提升品质、声誉，拉动销售的一个有效做法。印度大吉岭地区有不少特色茶园，在达到大吉岭茶基本特色的基础上进一步创制出自家独特的风格，从而整体提升了该茶园在业界的口碑，有利于全线产品的销售。我国地理条件复杂、中小茶园居多，可优先考虑鼓励自然条件良好的茶区发展茶园茶。每家茶园认真做出特色产品以此树立扎实的口碑，比盲目追求产量面积、盲目跟风模仿畅销茶品、互打价格战或炒作更有前途。浙江武义的汤记高山茶就是走茶园茶路线的成功例子，其高山茶园选址中国有机茶之乡武义县的安凤山，自创园起就注重良种栽培、茶园管理、技术研发和质量监控，培育出具特色高香的汤记高山茶，在多年省级专业评比中获奖。创出茶园品牌后带动了汤记旗下早茶（平地茶）、野生茶、苦丁茶等全线产品的销售。

中国绿茶品种的丰富不但体现在内质上，还体现在成品外形上，针状、螺状、片状、雀舌状、眉状、钩状、条状、圆珠状等多款外形给消费者带来额外的视觉享受。20世纪80年代茶业开放后，名优绿茶发展迅速，除了恢复振兴很多历史名茶外，还创制出不少新兴地方名茶，像安吉白茶、羊岩钩青、大佛龙井以及上述汤记高山茶等，说明底蕴深厚的中国绿茶有与时俱进的创造力。随着中国经济的发展、对自身文化的回归和保健意识的提升，国人在茶叶上花的钱也相应增长，我国人均茶叶消费量还不高，作为中国最主流的茶品，注重技术与管理、把好质量关，走多元化的道路，无论是名优绿茶还是大宗绿茶都有很大的内销潜力可挖。

即使在红茶消费为主的国际市场，近几年来绿茶增长率也明显高于红茶增长率。我国传统大宗出口绿茶要经繁复的精制加工，对外形齐整的要求较高；针对目前国际市场主流饮茶以袋泡茶为主，以及外销市场散茶消费者重内质轻外形的习惯，不妨考虑推出以内质为主、外形规格档次不必太齐整的普通绿茶。笔者觉得类似大众炒青这样的茶稍作筛分可直接出口，这样既能减少精制步骤降低成本，又能较好保留绿茶天然的鲜度，吸引对绿茶感兴趣的新一代国际消费者，培养新的中国绿茶大宗出口商品。

中国绿茶品饮

中国绿茶品饮贵在爽，一杯好的绿茶要有清新爽口感和鲜爽的回甘。

候汤

冲泡水温见第二章普通泡法水温与时间参考表。具体操作如下：

从卫生起见，自来水、泉水等生水须先煮开，再凉到所需温度泡茶。生活中很少有人会备个读数100℃的温度计检测水温，这里介绍一简便快速的凉汤法。

随手泡凉汤法：

随手泡调自动档煮水，备一洁净玻璃公道杯作汤冷。

• 大部分名优绿茶要用汤冷，随手泡跳闸后，持壶将开水从高处慢慢注入汤冷以降温，以汤冷中的热水泡茶。

• 异常细嫩的名优绿茶按上述处理后，要让汤冷中的热水凉数分钟再泡茶，以手触汤冷不很烫为宜，不同室温的凉汤时间不一，各人指尖感觉也不尽相同，请在冲泡时多加尝试把握。

• 普通绿茶不需汤冷，随手泡跳闸后，一般的茶开盖稍等数分钟泡，如是较粗的茶叶，跳闸后直接冲泡亦可。

瓶装水不煮开也行，此举有利保留更多溶解氧，提高茶汤活性和爽口感。如煮水器可设定水温，直接调到适宜温度档；如煮水器无控温功能，可肉眼观察水情候汤：古人按经验将水从初沸到全沸的片刻细分成虾目、蟹目、鱼目、连珠、浪涌五个阶段。水底出现虾目泡时适宜泡非常细嫩的名优绿茶，水泡扩大成蟹目时宜泡大多数名优绿茶，水泡增大成鱼目可泡叶片较大的名优绿茶，大量水泡连串上涌为连珠可泡普通绿茶。

量茶

名优绿茶内质丰富，茶水比1∶75较适宜，有些1∶80也行。

普通绿茶茶水比1∶60为佳，用紫砂壶冲泡时也可1∶50。

择器

茶斟七分满，本书所标容量如未特别注明，均为七八分满时的大致容量。

(一) 名优绿茶

1. 单杯泡饮茶具：

- 盖碗（160 毫升）。

- 玻璃杯。

2. 多人泡饮茶具：

- 无内胆带滤网玻璃壶（300 毫升）+ 瓷杯或玻璃饮杯（60 毫升）。

- 单杯泡饮茶具按人数逐杯泡。

备注：瓷盖碗宜选白色内壁以显汤色，也可选素色青瓷增色。玻璃盖碗和玻璃杯便于散热和赏茶。壶泡的观赏性略逊于单杯泡饮，一壶茶通常可供 3~5 人品饮，最多 8 人分享（每人少于半杯的量）；若饮茶人数超过 8 位，壶泡时要增加壶的数量，别贪方便换大壶，以免降低茶汤鲜爽度。

(二) 普通绿茶

1. 单杯泡饮茶具：

- 瓷盖碗（160 毫升）。

- 瓷茶杯。

- 中号扁身紫砂壶（约 350 毫升）+ 瓷杯或玻璃饮杯（80~120 毫升）。

2. 多人泡饮茶具：

- 瓷壶或玻璃壶与套杯组合。

- 大号扁身紫砂壶 + 瓷杯或玻璃饮杯（80~120 毫升）。

- 盖碗或者茶杯按人数逐杯泡。

备注：瓷茶具宜选白瓷、青瓷、青花、淡彩等雅致釉色相配。人多可换大容量的壶泡茶。

泡饮

(一) 名优绿茶

- 向泡茶用具内注入 1/3~1/4 容量的适温热水（煮水或凉汤法见本节"候汤"内容）。

- 投茶并稍稍转动容器以润茶，接着加适温热水至七八分满，不加盖浸泡 1~2 分钟即可（通常待芽叶展开即可品饮）。

- 杯泡直接饮用；壶泡以巡回轮斟法出汤至饮杯，即每杯先斟一半不到，翻转顺序倒过来斟至七八分满，此举可令每杯茶汤浓度均匀（斟茶时记得加盖，以免水汽烫手)。

- 一般冲泡三回，前两泡留根并及时续热水，最后一泡尽根（后续冲泡的浸泡时间可稍稍缩短）。

(二) 普通绿茶

- 向泡茶用具内注入 1/3~1/4 容量的适温热水。
- 投茶后加热水至七八分满，加盖浸泡 1.5~3 分钟即可。
- 杯泡直接饮用；单人紫砂壶泡斟入饮杯饮用；数人壶泡先斟入公道杯再分到各饮杯，或直接巡回轮斟到饮杯中。
- 一般冲泡三回，前面两泡留根，最后一泡尽根。

如喜浓茶，冲泡普通绿茶时可用下投法：先以少量开水温杯或壶，投茶入温好的空杯或空壶，冲入开水至七八分满，加盖浸泡 3 分钟即可。

少数耐泡的绿茶可泡四五回，前面数泡留根，最后一泡尽根。

特例外国茶：

冲泡日本玉露茶或中高档煎茶水温要求更低，玉露约 50℃，中高档煎茶 60~70℃，即使虾目水也最好先注入汤冷，玉露还要让汤冷中的水稍凉数分钟。

上投、中投、下投法与润茶

这三种冲泡手法大约形成于明代，上述绿茶冲泡介绍了中投法（先注少量水，然后置茶，再注水），下投法（先置茶，再注水）。上投法顾名思义是先注水再置茶，一般用以冲泡高档碧螺春那类的多毫且下沉速度快的细嫩名优茶。

这三种手法会导致茶叶浸泡水温的微小差异，旧时一般家庭四季室温差异大，讲究的茶人夏用上投法、春秋用中投法、冬用下投法来减少气温对水温的影响。现在空调普及，这三种手法以下投法最为多用，不需高温冲泡的茶类使用中投法可免去温杯、温壶步骤以省水。

润茶的目的是缩短浸泡时间、提高浸泡效率而优化冲泡品质，一般多用于对鲜爽度要求高的名优茶。润茶时以稍快的速度摇动泡茶用具，可令浮在水面上的茶叶获得浸润，一些下沉快的茶叶稍晃即可。有洗茶步骤的茶叶可省略润茶，普通茶叶多不必润茶。

中国绿茶图录

图录介绍的是产量颇具规模的特色名优绿茶和传统大宗出口绿茶:

1. 西湖龙井

产地:浙江省杭州市西湖产区。

审评:外形扁平光滑、挺秀尖削、色泽绿中稍带黄,汤色清澈明亮,香气清高持久,滋味鲜醇甘爽。

2. 大佛龙井

产地:浙江省新昌县。

审评:外形扁平光滑、挺直尖削、色泽嫩绿匀润,汤色杏绿明亮,香气嫩香持久,滋味鲜爽甘醇。

3. 长兴白茶

产地：浙江省长兴县。

审评：外形凤尾形、色泽嫩绿油润，汤色浅绿清澈明亮，香气高而鲜爽，带花香，滋味清鲜甘醇。

4. 望海茶

产地：浙江省宁海县。

审评：外形小兰花形、稍扁直、色泽嫩绿油润，汤色嫩绿清澈明亮，香气高爽带花香，滋味醇厚甘鲜。

5. 径山茶

产地：浙江省杭州市余杭区径山。

审评：外形细紧略卷曲、色泽嫩绿油润,汤色浅绿清澈明亮,香气清鲜带花香，滋味鲜醇甘和。

6．武阳春雨

产地：浙江省武义县。

审评：外形全芽、尚匀整、色泽嫩黄油润，汤色浅嫩绿、清澈明亮，香气高爽，嫩香带栗香，滋味醇厚鲜爽。

7．洞庭碧螺春

产地：江苏省太湖洞庭山。

审评：外形细紧纤秀卷曲、白毫显露、色泽嫩绿油润，汤色嫩绿明亮，香气嫩鲜，滋味甘醇鲜爽。

8．南京雨花茶

产地：江苏省南京市郊。

审评：外形细紧挺直、似松针、有毫、色泽深绿油润，汤色嫩绿（稍偏黄）明亮，香气清高有花香，滋味浓醇。

9. 黄山毛峰

产地：安徽省黄山市。

审评：外形兰花形、色泽嫩绿鲜润，汤色浅嫩黄、清澈明亮，香气嫩香，滋味甘和。

10. 六安瓜片（意指泡开的叶子如瓜子，曾名蜂翼，笔者觉得旧名更形象）

产地：安徽省六安市。

审评：外形单片、不带茎梗、叶边背卷成条、色泽深绿起霜，汤色绿亮，香气高爽，滋味浓醇回甘。

11. 涌溪火青

产地：安徽省泾县。

审评：外形盘花成颗粒状、腰圆形、略有毫、色泽墨绿油润，汤色嫩绿明亮，香气清高带花香，滋味醇较干爽。

12. 汀溪兰香

产地：安徽省泾县。

审评：外形兰花形、扁直、色泽绿翠，汤色浅嫩绿、清澈明亮，香气清鲜带花香，滋味甘鲜（有花香）。

13. 岳西翠兰

产地：安徽省岳西县。

审评：外形芽叶相连、自然舒展成朵、色泽绿翠，汤色嫩绿明亮，香气高而持久，滋味鲜爽，回味甘甜。

14. 蒙顶甘露

产地：四川省名山县。

审评：外形细紧卷曲、多毫、色泽嫩绿尚油润、汤色嫩黄明亮、香气嫩香、滋味醇厚。

15．高桥银峰

产地：湖南省长沙市郊。

审评：外形紧结略卷曲、显毫、色泽嫩绿润，汤色嫩绿明亮，香气高爽有嫩香、滋味浓醇较甘鲜。

16．松阳银猴

产地：浙江省松阳县。

审评：外形全芽微卷、披毫隐绿，汤色浅嫩黄、清澈明亮，香气高有甜香，滋味甘和。

17．信阳毛尖

产地：河南省信阳市。

审评：外形细、紧、直、显毫、色泽深绿油润，汤色嫩绿（偏黄）明亮，香气清高有嫩香，滋味醇厚鲜爽。

18. 眉茶（外销大宗茶）

产地：大部分绿茶产区。

审评：外形条索紧结有锋苗，色泽绿润，香气高鲜，汤色黄绿明亮，滋味浓而爽口，富收敛性。

19. 珠茶（外销大宗茶）

产地：大部分绿茶产区。

审评：外形颗粒圆紧重实，色泽乌绿起霜，香高持久，汤色黄绿明亮，滋味浓厚干爽。

20. 蒸青（外销大宗茶）

产地：浙江、江苏、安徽、福建、四川等省。

审评：外形挺直较长，含茎梗，色泽青绿，香气清纯，汤色微黄绿明，滋味平和而略青涩。

第四章 茉莉花茶
东方典雅的芬芳

轻啜茉莉花茶,春意油然而生。

——欧洲佚名诗人佳句

中国茉莉花茶工艺

茉莉花茶属再加工茶，以绿茶与茉莉鲜花按传统窨花工艺制成。茉莉花茶的茶坯一般为条索疏松、吸香能力强的烘青绿茶，烘青香气清正纯和，与茉莉花的匹配度最佳。因茉莉花有晚间吐香的特点，窨花作业在夜间进行，为保障花朵新鲜度，加工厂多设在临近茉莉花田的地区。

一批茶坯要经多次窨制才能达到芬芳内蕴的目的，窨制一批花茶通常要费数夜功夫，窨花过程大致如下：

1. 备花

于晴日下午采摘含苞待放的茉莉花，采下的花要及时运到加工厂，工厂收花后立刻平铺摊凉，再通过调节温湿度等手段养护，使鲜花在窨花作业前达到最理想的半开放状态。养护时要密切关注花温：摊凉的花温降至下限时，及时收拢做堆以升温，不然温度过低会阻碍花朵开放；花堆升温到上限时，及时薄摊以透气散热，防止温度过高焖坏鲜花。通过摊收处理有效控制花朵开放速度，约 60% 的花朵半开放时筛花去杂（青蒂和脱落的花托）并分挡，筛分好的各档花朵 80% 呈半开放状态时用以窨花。

2. 备茶

按传统窨花工艺，茶坯先要加热复火降低含水量，复火后立刻摊凉至适温，就开始窨花。

3. 窨制

将备好的花与茶按比例快速拌和混匀后薄撒一层茶坯盖面，然后静待茉莉吐香茶叶吸香。茉莉花水分含量较高，茶叶吸潮后在湿热条件下产生水解等理化反应，茶味更趋柔和。首窨投花量最多，窨花时间长达整晚（12 小时或以上），期间要注意控制温湿度并密切关注堆温。堆温达到上限时，及时薄摊散热以免产生焖浊气；摊凉降温到下限时，收堆聚热以减少鲜花香气散逸。鲜花失水失香后要及时"起花"（筛去萎凋的花朵），以防花朵酵化产生异味被茶坯吸收。

4. 烘焙

窨好的茶坯吸收了鲜花的水分，含水量升高，起花后要烘焙降湿，烘后马

第四章　茉莉花茶：东方典雅的芬芳　　　　　　　　　　　　　　　　79

采摘茉莉花

上摊凉，再妥善收好以待下轮窨制。

5. 复窨

经首轮或前一轮窨制的茶坯与当天下午备好的鲜花拌和后复窨，窨后复焙。窨花次数按茶坯档次而定，最低档的花茶两窨，最高档的八九窨。后续窨花的投花量逐轮减少，失水失香时间也相应缩短。高档茉莉花茶最后一窨叫"提花"，意思是用少量鲜花提升香气鲜灵度，"提花"的投花量很少，茶坯含水量增加不多，起花后不需烘焙，香气更灵动。

6. 匀堆

窨制好的花茶要快速混匀使整批产品香气更均衡，为避免不必要的香气散逸，匀堆作业要快，完成后立刻包装。

低窨次茉莉花茶的总用花量少，为增加香气浓度，首轮窨制前一般须用少量玉兰花作底窨。玉兰香重，投花量过少成品香气不足，过多会压过茉莉香气，造成喧宾夺主的"透兰"，所以要严格把握用量。高档茉莉花茶总用花量超过茶坯重量，花香纯正饱满鲜灵，不需玉兰打底。

现代研究发现茶叶毛细孔吸香原理，按此理论，茶坯水分含量与吸香能力并非呈反向线性关系，而是存在着一个函数阈值。在此基础上产生了更节能的新加工法，茶坯在首窨前不复火，每窨之后的烘焙变成按实测含水量间隔一窨或两窨再烘。

中国茉莉花茶溯源

茉莉花在汉代从西南亚传入中国,主要作观赏植物种植。茉莉花熏茶的记载最早见于南宋雅词派领袖周密(公元 1232~1298 年)编纂的《绝妙好词》,对书中收录的同代词人施岳的《步月茉莉》中"春焙旋熏"注释道,"此花四月开,直至桂花时尚有玩芳味,古人用此花焙茶,故云"。这种用花焙茶的古法不同于当时添加花朵的调饮法,算是茉莉花茶加工始祖。

宋代崇尚茶之真味,茉莉花熏茶不过是文人偶尔兴之所至的风雅,这种增添情趣的雅玩断续发展到明代在工艺上更接近现代窨法。明太祖朱元璋之子朱权(公元 1378~1448 年)的《茶谱》(作于 1440 年)记有"熏香茶法":用纸糊竹笼,笼内上下隔开,上层茶下层鲜花,密封一夜后换新鲜花朵再熏,这种做法使茶叶吸收的花香更新鲜水灵更浓郁。明代还有书籍记载将盛开的鲜花与茶层层间隔置于瓷瓶中,将密封好的瓶放入沸汤煮,取出冷却后倒出里面的花茶烘干。明代是中国茶叶发生重大变革的时代,新工艺和新品纷呈,熏香茶法在崇尚真味的主流思想影响下,未形成规模化的商业生产。

茉莉花茶商业化生产始于 18、19 世纪,苏州人顾禄描绘清代吴越风俗的《清嘉录》记到"珠兰、茉莉花……茶叶铺买以为配茶之用者"。当时江南一些地区有种香花为生的花农,香花供应量充足是茉莉花茶进入商业生产的先决条件,茶叶铺购买当地鲜花窨茶一来可增添时令色彩,二来可提高普通绿茶的附加值和销量。所购鲜花要去托去蒂后再配茶以保障香气纯正,加工要求更精细化。由于南方茶区茶叶选择多,花茶在南方销量很一般,反倒是在北方创出新天地。

历史上北京及北方某些地区饮用水水质偏硬,有些水还带咸碱味,用这种水泡绿茶,尤其是高品质绿茶,色香味逊色不少,所以以前北京茶馆或者讲究的人家要买山泉水泡茶。茉莉花茶花香馥郁,茶性比绿茶柔和,能更好地掩饰当地日常用水的不足,19 世纪中期,看好花茶商机的北方茶商南下福建,利用当地鲜花资源大量生产茉莉花茶北销。福建茉莉花茶经船运抵达天津港再分销华北、西北等北方市场,因供应充足,茉莉花茶取代绿茶成为北方市场第一茶;近水楼台先得月,天津港周边的京津地区遂成茉莉花茶消费重镇。过去大部分花茶的茶坯是中档烘青片，故老北京称茉莉花茶为香片；制作花茶时筛分出的低档茶末则叫高末，是北方普罗大众的饮品；有钱人还创造出花茶兑龙井的京式喝法。梁实秋先生在《喝茶》中写去北京茶铺买茉莉花茶，伙计在称量好的香片上撒一把茉莉鲜花再包起，美其名曰双窨。

中国茉莉花茶和其他各种"花"茶

（一）茉莉花茶

中国是世界最大的茉莉花茶生产国和出口国。我国四大茶区都产茉莉花茶，主产地为福建、广西、云南、浙江、安徽等地。内销茉莉花茶的主市场在北方，国际上通常将茉莉花茶归于中国绿茶，是最有特色的中国茶，国际航班上供应的中国茶就是茉莉花茶。

以普通烘青绿茶窨制的茉莉花茶所占比例最高，通常直接叫做茉莉花茶。用龙井、龙珠、毫芽等中上品质的特种绿茶，或其他基本茶类窨制的叫特种茉莉花茶，特种茉莉花茶常以茶坯命名，比如，茉莉龙井、茉莉龙珠、茉莉苏萌毫、茉莉白茶、茉莉包种等。

中国人一般觉得红茶、黑茶与茉莉花香气不搭，所以不用这类茶窨茉莉花。国际市场偏好香重的调味红茶，有红茶加入茉莉香精制作的茉莉红茶，这类香精茶通常会拌茉莉花干增加视觉效果，在工艺上属调味茶非正宗窨花茶。

（二）其他窨花茶与拼花茶

除茉莉花外，中国传统窨茶用香花还有珠兰、玉兰、玳玳、桂花、玫瑰、莲花等，这类窨花茶产量很少，目前国内市场不多见。其中莲花茶的加工较特别，把茶叶放入半含的莲花中扎好过夜，令茶吸收花香，次日取出后

如何鉴别窨制和调制的茉莉花茶

窨花茶因其独特的加工工艺，花香茶香浑然一体，香气雅致、自然、持久。区别正宗茉莉花茶与香精调制的茉莉花茶可通过望、闻、品三个步骤：

望：茉莉干花含量多的一般为调制茉莉花茶。正宗茉莉花茶为保证香气纯正，每窨之后要起花筛除萎凋失香的花朵。一些高档茉莉花茶最后一窨提花后不起花，但提花用花量很少，残留花干并不多。四川的"碧潭飘雪"是个例外，这款窨、炒结合的新工艺茉莉花茶制作过程中不起花，含有大量茉莉花瓣。

闻：鲜花窨制的茉莉花茶香气雅致自然，香精调制的香气浓烈较冲鼻。

品：鲜花窨制的茉莉花茶第一泡香气灵动、第二泡香气馥郁；香精调制的第一泡很香，第二泡香气大减。

纯茶工艺花茶——手工造型的蝶茶（左图）

花卉工艺花茶——手工制作的黄山花卉工艺茶冲泡效果（右图）

寻新鲜花朵复窨。

外销工艺茶有采用茉莉花茶或茉莉白茶制作的，将茶叶用线捆扎造型，或将茶与干花等材料捆扎造型。前者干茶外形漂亮，后者冲泡时观赏性好。

中国茉莉花茶品饮

窨花茉莉花茶品饮贵在馥，一杯好的茉莉花茶花香持久地蕴于茶汤中。

候汤

冲泡水温见第二章普通泡法水温与时间参考表。具体操作如下：

随手泡凉汤法：

• 茉莉白茶要用汤冷，随手泡跳闸后，持壶自高处将开水慢慢注入汤冷，再用来泡茶。

• 其他特种茉莉花茶不需汤冷，随手泡跳闸后开盖等数分钟再泡。

• 普通茉莉花茶不需汤冷，随手泡跳闸后，嫩度稍好的茶开盖稍等数分钟泡，成熟的茶直接冲泡。

也可采用控温或候汤方式煮水至适温泡。

量茶

原料较嫩的特种茉莉花茶茶水比1∶60。

普通烘青茉莉花茶茶水比1∶60到1∶50。

择器

1. 单杯泡饮茶具：

- 盖碗（160毫升）。
- 有盖瓷茶杯。

2. 多人饮茶具：

- 瓷壶或玻璃壶与套杯组合。
- 单杯泡饮茶具按人数逐杯冲泡。

备注：瓷茶具选白瓷、青瓷、青花、淡彩等配色。人多可更换大容量壶泡。工艺花茶宜用玻璃杯或玻璃壶，温杯或温壶后以95℃高温冲泡以便欣赏茶叶展开的景象。

泡饮

- 向泡茶用具内注入1/3～1/4容量的适温热水。

- 投茶后即盖上盖子并稍稍转动容器润茶，然后开盖加热水至七八分满再盖上，浸泡1.5～3分钟即可（为减少花香散逸，注水时宜低斟环注，注水后立刻盖上盖子。茉莉白茶浸泡时间可延长至4～6分钟）。

- 杯泡直接饮用；壶泡以巡回轮斟法出汤至饮杯中，即每杯先斟一半不到，翻转顺序倒过来再斟至七八分满，使每杯茶汤浓度均匀。

- 一般可泡三回，前两泡留根，特种茉莉花茶宜及时续热水再泡，最后一泡尽根。

备注：普通茉莉花茶不需润茶，投茶后直接加水至七八分满闷泡适当时间。

中国茉莉花茶图录

图录介绍的是内外销市场上较常见的茉莉花茶品种：

1. 茉莉龙珠（特种茉莉花茶）

产地：福建省。

审评：外形圆结呈颗粒型，匀整、显毫，色褐黄润泽；香气较浓郁、持久，汤色嫩黄较明亮，滋味较醇爽。

2. 茉莉花茶

产地：浙江省。

审评：外形条索紧结、匀整，有锋苗，有毫、色泽黄绿润；香气浓郁、较鲜灵、持久，汤色黄明亮，滋味浓醇爽口。

好看好喝的自由创意花草茶

自由创意花草茶用普通茶叶与花草、干果等搭配以调香调色，部分花草还有保健作用。冲泡后整体效果非常漂亮，自己配搭最好对花草功效属性有所了解，防止相冲相克。

1. 蓝色倾情

配料：水蜜桃红茶、勿忘我花。

审评：有甜蜜的蜜桃香味。

2. 冰雪美人

配料：红茶、洛神花、茉莉花、冰糖。

审评：酸甜爽口，微带茉莉清香。

3．国色天香

配料：茉莉龙珠、芍药花。

审评：茉莉花茶浓醇的味道加上芍药漂亮的视觉效果。

4．金色年华

配料：安吉白茶、金莲花。

审评：口感柔和，微带植物饮料的青草气。

第五章 红茶
墙内开花墙外香

若你寒冷,茶给你温暖;若你燥热,茶使你冷静。
若你沮丧,茶让你快乐;若你亢奋,茶令你镇定。

——19世纪英国政治家威廉E格莱斯顿妙语

中国红茶工艺

红茶是六大基本茶类中氧化程度最高的茶。红茶分传统红茶与 CTC 红茶两大类,中国红茶基本为传统红茶,其初制加工关键步骤依次为:萎凋 – 揉捻 – 氧化 – 干燥。

1. 红茶萎凋是在自然或鼓热风的情况下让鲜叶失水柔软,起到浓缩茶汁、破坏细胞膜半透性和降低揉捻断碎率的目的。为红茶品质的形成打下基础。

2. 揉捻,一是为了做型,二是为了充分破坏叶细胞,使茶汁大量渗出暴露于空气中。茶汁里的多酚类在氧化酶催化下爆发剧烈酶促氧化,引起茶叶红变,形成红茶的内质。为了使细胞内所含物质充分渗出参与氧化,红茶的揉捻程度通常比绿茶重得多。

3. 氧化过去曾叫发酵,是让揉捻叶长时间暴露在空气中完成必要的酶促氧化。有些生产商在氧化过程中还要吹风送氧,有些在氧化到一定程度时要再次揉捻茶叶,以提高做型效果和氧化效率。

4. 干燥能起到固定品质和定型的作用,及时干燥可制止不利品质的过度理化反应,还能进一步发挥余香,干燥充分的茶叶也便于运输和保存。

CTC 红茶是红碎茶的主流品种,CTC 是英文 crush – tear – curl 三字缩写,是用特定设备把萎凋叶瞬间粉碎撕揉成细小颗粒。由于叶片破碎度高,氧化时间短于传统红茶,出汤速度也更快。CTC 红茶主要作袋泡茶原料。

墙内开花墙外香的中国红茶

中国红茶初始

红茶和乌龙茶均诞生于福建省,是 14 世纪朱元璋废团兴散,16 世纪炒青技术兴起等重大变革的背景下诞生的崭新茶类。福建茶质厚味重,晚唐兴起的福建北苑研膏茶(龙凤团的前身)是蒸青时代最适宜福建茶的制法。宋代《北苑别录》解释道,"建茶味远力厚,非江茶之比。江茶畏沉其膏,建茶惟恐其膏之不尽，膏不尽，则色味重浊矣"。福建茶味重，研膏茶制作时要求榨干茶汁，此举使原本口感重浊的福建茶变得中正纯和；而原本味道恰好的江茶榨汁后则寡淡不堪饮用。因为福建茶的特色，即使在龙凤团大出风头的宋代，研膏茶生产基本集中在福建，并未扩大到其他茶区。

元代御茶园迁址武夷，北苑研膏茶因此衰落，明代不设御茶园，武夷御茶园也随之荒废，朱元璋废团兴散后，长期以生产高档茶研膏茶自豪的福建茶业失去标杆。研膏茶光环下的福建从不重视散茶，其散茶加工水平普遍低劣，明末清初周亮工（公元 1612~1672 年）在《闽小记》中写到，明代福建武夷茶区"僧拙于焙，既采则先蒸而后焙，故色多紫赤，只堪供宫中浣濯用耳"。龙凤团被禁后，福建转产蒸青散茶，但加工水平实在糟糕，茶叶加工过程中就氧化红变，贡茶变成皇宫刷家伙水。周亮工还写到，福建曾专门请人教授明代流行的安徽松萝绿茶制法，所制新茶色香俱全，不逊色于优质的吴越炒青，可惜太易氧化，"经旬月，则紫赤如故"，几个月就红变，稳定性太差了。

茶色紫红的原因主要是杀青不到位。散茶采摘拣剔不如龙凤团那样精细整齐，再加福建茶叶较肥厚，芽叶的大小、厚薄参差颇大，杀青时叶温高低差异也大。要阻止红变，就要杀透全部鲜叶，如此难免有部分较薄或较细的茶会过热焦掉；反之，要防止炒焦茶叶，杀青温度就不足以使全部鲜叶都杀透，难免发生红变。安徽松萝茶是明代炒青绿茶名品，讲究快炒快干，一人炒茶，另一人要在旁对着茶叶不停扇风散热。以松萝法炒制福建茶虽能快速升温散热，阻止当场红变，但由于氧化酶并未全部杀透，几个月后复苏仍促发氧化红变。这些被认为不合格的红变茶是全氧化红茶出现的前奏。

虽然主流消费口味（包括周亮工）觉得这类紫赤茶不好喝，但当地山里人却奉为上品。当地气候炎热，山人认为新茶火气重，饮后易上火生病，所以不爱新茶爱陈茶，颜色变紫红成为判断陈茶的直观标准。紫红的陈茶卖得比新茶贵蛮多，受利益驱使，制茶人难免会想方设法直接加工出紫红色的新茶或者缩短红变时间来获利。不过，这类红变茶始终属于小众口味，饮者更多关注其药用价值而非口感。清代赵学敏辑著的《本草纲目拾遗》说色黑而味酸的武彝（武夷）茶"最消食下气，醒脾解酒"，因健康原因不能喝茶的人可喝这种茶。现代红茶加工中发酵过头会有酸味，与此武夷茶有所相通吧？

中国红茶崛起

中国红茶的异军突起，与西洋贸易关系密切。1560年，葡萄牙传教士 Jasper de Cruz 搭乘葡国首艘访华商船来到大明，成为实地记录中国茶品饮情况的首位欧洲人。1610年，垄断当时亚太香料贸易的荷兰东印度公司首次将中国茶贩运到欧洲大陆，拉开华茶进入欧洲的序幕，中国茶先后在海牙、巴黎等地风靡一时，虽价格昂贵，但颇受当地贵族阶层青睐。不过，欧洲大陆掀起的这股时尚风潮来去匆匆，数十年就熄火了，只有传到英伦岛的茶成功地落地生根，发展成现在大家熟悉的英国国饮。

1657年，荷兰人首次把中国茶卖到英国，像在欧洲大陆一样，茶叶销售点是当地药剂店和咖啡馆。1662年，嗜茶的葡萄牙凯瑟琳公主嫁到英国，嫁妆中带着她心爱的中国茶，这位英国皇后开启了英国宫廷饮茶之风。1669年，英国直接从中国购茶进口，中国茶进口量明显上升。英国老牌茶叶公司川宁（Twinings）的传人 Sam Twining 在《My Cup of Tea》中写到，中国茶进口数量递增后，英国的牧师、医生和艾酒生产商纷纷抗议，牧师道：茶是东方罪恶之饮；医生说喝茶有害健康；艾酒生产商讲：茶会威胁艾酒地位，取代它成为英国早餐饮料。英国政府对此的反应干脆利索：增税。不料，茶税高企毫不干扰伦敦绅士仕女的饮茶热情，反而使得茶叶走私大盛。走私茶多来自荷兰，据说数量相当可观。每个国家总有狭隘的人，不过艾酒商人倒是蛮有远见的，一个世纪后，茶果然取代艾酒成为英国早餐饮料。

17世纪，欧洲进口的茶叶大多来自中国东南部沿海地区，当时尚未流行红、绿茶的分类叫法，都是直接音译茶名或按形状取名。比如，传统出口绿茶"熙春"音译为 Hyson，"珠茶"英文名 Gunpowder 是老外觉得它黑漆漆像火药粒而起。当时武夷山出产的茶统称 Bohea，其中可能有旬月紫赤的松萝法绿茶、早期乌龙茶、早期红茶等品种，味道浓重的武夷茶颇受西人喜爱，被视为佳品。红茶的崛起，得益于彼时落后的远洋运输，当时从中国出运的茶叶要在海上航行一年半左右才能抵达欧洲，经木船长途海运的绿茶或乌龙茶在到达目的港时基本上都氧化褐变了，红茶是全氧化茶，外形口感变化最小，汤色也比氧化绿茶和氧化乌龙茶漂亮，外商因此偏爱红茶。另外，茶税高企的年代茶叶造假之风颇盛，立法都难以禁止，有向茶叶中掺杂甘草等非茶植物，还有掺沙子、木屑，甚至羊粪的，据说当时市场上流传绿茶易造假，消费者便纷纷倒戈红茶。

红茶被称为 Black Tea 可能与最早出现红茶的福建地区曾称其为乌茶有关，18 世纪崇安（今武夷山市）县令刘靖的《片刻余闲集》记道，"本县邵武、江西广信等处所产之茶，黑色红汤，土名江西乌"。当时世界上只有中国产红茶，国内市场对它的兴趣不大，欧美特别是英国对红茶的需求递增是推动中国红茶发展的主要动力。随着外销的增长，红茶产地从福建扩大到江西、湖北、安徽等多个茶区，加工方法也有了改革性进步，整体品质得以提高。18、19 世纪，Bohea 成为高档红茶之名，可惜出名后，出现了作假和以次充好等不良行为，遂使该名词后来沦为低档红茶的称呼。

1784 年，英国政府调低茶税，茶价应声而落，走私、造假也消退了，底层消费者自此得以开怀畅饮，茶真正成为英国国饮。当时英人喝的全是小叶种中国红茶，茶中加奶或不加均可。19 世纪早期，英国东印度公司在殖民地印度实验种茶成功，首批来自印度阿萨姆邦的大叶种红茶于 1839 年在伦敦茶叶拍卖市场开拍。印度茶享有殖民地免税待遇，比中国茶便宜，在市场竞争中以价格优势取胜，阿萨姆茶口感浓烈，加奶饮茶从此成为大众标准。大约同一时期，美国研发出轻便快帆船，可使跨太平洋远航时间缩短不少。英人立刻造此船用于中英远东贸易，其中专门运载茶叶的轻便帆船就是西洋茶史上知名的 Tea Clipper。1869 年，苏伊士运河开通，跨太平洋航线大为缩短，运载茶叶的轻便快帆船被大型蒸汽船所取代。

华茶出口欧洲除了跨太平洋的海上贸易线，还有一条途径西伯利亚的陆上贸易线。17 世纪 30 年代（明代末期），中国茶由蒙古人介绍到俄国，在寒冷的俄国大受欢迎。1679 年，中俄间正式开展固定的官方茶叶皮毛贸易，由骆驼队从中国北方运输散茶和砖茶到俄国，再运回皮毛等物品。这条途径西伯利亚的贸易线

19 世纪专门运茶的快帆船 Tea Clipper 满载茶叶的快帆船会展开比赛，先到目的港的可从茶商那里得到高额彩头

早期交通状况非常困难，运输成本高昂，到俄国的茶叶只有皇族和有钱人才喝得起。1689年，中俄尼布楚条约签订后不久，俄国沙皇下令建造从莫斯科通往中国北方的西伯利亚商路。该商路的建设持续时间非常长，其间输俄茶叶数量随路况建设逐步上升，供应充足使得茶价下降，让中下层俄国人都喝得起茶，俄国也成为茶叶中转国，向欧洲其他国家出口中国茶。

从中国到莫斯科，骆驼队要走约一年半的时间，途径极寒且人烟罕见的西伯利亚地区。所载之茶一路上饱受露天宿营的篝火熏陶，带有明显的烟火气，因此，从俄国转口到欧洲的茶被称作"俄国车队茶"（Russian Caravan Tea）。这条陆上贸易线在19世纪中期达到运输高峰，19世纪末，西伯利亚铁路修建完成，骆驼队退役，改由火车运茶，运输效率大为提高。

俄国骆驼队　Russian Caravan
茶的始作俑者

印度红茶试种成功后，生产规模逐步扩大，19世纪中后期，斯里兰卡效仿印度种植茶树生产红茶，这些国家受工业革命的影响，推广机械化制茶，手工制作为主的中国红茶逐渐失去大部分国际市场。二战结束后，茶叶种植进一步扩大到非洲国家，随着新兴红茶生产国的涌现，中国红茶在国际市场上的销量和影响力日渐式微，除了祁红、滇红等无法替代的特色产品，大部分中国红茶沦为拼配中的低档原料茶。

中国红茶分类

中国红茶现有三大类：

• 小种红茶：最古老的红茶品种，发源于武夷山星村乡桐木关地区。目前仅有武夷山地区保留生产，其加工工艺不同于主流传统红茶，主要步骤为萎凋、揉捻、氧化、过红、烟熏干燥。过红与烟熏是小种红茶特有工艺，过红是把适度氧化的揉捻叶投入烧红的锅快速翻炒几分钟以钝化氧化酶，然后出锅趁热复揉。小种红茶采摘标准较成熟，过红处理既能快速阻止酶促氧化并提升香气，又能让茶叶更好地成型。烟熏是用松木明火干燥茶叶，松木耐烧，燃烧时产生的松烟被茶叶吸收，形成独特的烟熏风味。

正山小种在国际市场上作为特种红茶销售。由于中外品饮习惯差异，外销正山小种的烟熏味比内销的重很多，国际市场多加奶饮用，内销市场以清饮为主。

• 功夫红茶：功夫红茶的问世晚于小种红茶，但很快取代后者成为主流，其初制方法后来扩散到海外，成为传统红茶初制法。功夫红茶采摘比小种红茶精细，因此揉捻时易定型，氧化更加均匀，充分氧化后不再过红锅炒揉而直接烘干。烘干的初制茶还要经过精制加工，传统精制包括各种物理筛分、紧条、切轧、补火和拼配等综合工序，由于整个工序交错往复，要看茶做茶，既花功夫又考功夫，故得名功夫红茶。精制后的功夫红茶按大小规格分为条茶、碎茶、片茶、末茶几大类，片茶、末茶主要加工为袋泡茶。

国际市场上最知名的中国功夫红茶是祁红和滇红，分别产自安徽和云南。近年来，随着国内红茶消费的发展，内销市场上出现不少条索完整漂亮的中高档特种功夫红茶，如武夷金俊眉、祁门香螺、云南蕊尖等。这类特种功夫红茶迎合大部分国人喜欢清饮以及品茶时爱赏茶的偏好，初制讲究做型，精制不再紧条切

漂亮的特种功夫红茶

卷曲带金的润思凝香（上左图）

挺秀乌润的润思仙针（上右图）

密披金毫的滇红春蕊（下图）

轧，口感通常比传统功夫红茶淡雅，外形颇具特色和观赏性。

• CTC红茶：CTC红茶是以袋泡茶为主的国际红茶市场上最主要的茶类。19世纪后期，英国和欧洲茶商为多装货，要求主要供应国印度和斯里兰卡把红茶尽量切碎运输。20世纪30年代发明了取代揉捻机和碎茶机的CTC设备，可快速将萎凋叶直接打揉成细小匀整的颗粒，氧化烘干后即为红碎茶。一般而言，CTC红茶浓度高，但香气和层次感稍逊传统红茶。

红碎茶分传统红茶加工而得的红碎（片、末）茶和CTC工艺生产的红碎（片、末）茶两大类，主要作袋泡茶原料。目前，斯里兰卡主产传统红碎茶，印度和非洲主产CTC红碎茶。中国生产的传统红碎茶和CTC红碎茶主要供外销市场。

中国红茶品饮

中国红茶品饮贵在醇，一杯好的红茶要有甘醇的口感。大叶种茶如滇红等要有浓强度和厚度。

候汤

冲泡水温见第二章普通泡法水温与时间参考表。具体操作如下：

随手泡凉汤法：

• 细嫩红茶不需汤冷，随手泡跳闸后稍等数分钟泡。

• 一般红茶不需汤冷，随手泡跳闸后直接泡。

也可采用控温或候汤方式直接煮水至适宜水温。

量茶

细嫩红茶茶水比1∶60。

普通红茶茶水比1∶50。

择器

1. 单杯泡饮茶具：

• 盖碗（160毫升）。

• 有盖瓷茶杯。

• 西式单人瓷壶套杯。

2. 多人饮茶具：

• 玻璃壶或瓷壶与套杯组合。

- 盖碗或有盖瓷茶杯按人数逐杯冲泡。

备注：瓷茶具以骨瓷、白瓷、彩釉较相配。人多换大容量茶壶冲泡。紫砂壶爱好者也可使用中号或大号高身紫砂壶泡饮普通红茶。

冲泡

（一）细嫩红茶

- 向泡茶用具内注入 1/3 ～ 1/4 容量的适温热水。
- 投茶并稍稍转动容器润茶，接着加适温热水至七八分满，加盖浸泡约 3 分钟即可。
- 杯泡直接饮用，最好搅动一下茶汤令均匀；单人壶泡尽根斟入套杯饮用；数人壶泡以巡回轮斟法出汤至饮杯中，即每杯先斟一半不到，翻转顺序倒过来再斟至七八分满，使每杯茶汤浓度均匀。
- 一般可泡三回，每泡尽根。

（二）普通红茶

- 投茶入泡茶用具内（如果泡茶用具摸上去冻手，可先用热水温一遍，倒空后再投茶）。
- 冲入开水至七八分满，加盖浸泡 3~5 分钟即可。
- 杯泡直接饮用，最好搅动一下茶汤令均匀；数人壶泡先倒入公道杯，再分入各饮杯。
- 一般可泡三回，每泡尽根留根随意，最后一泡尽根。

传统工艺精制的祁红功夫很甜润，香气特别，类似玫瑰与苹果干混合的甜蜜，国际茶界直接称之为祁门香（Keemun Flavor），习惯浓饮的可闷泡 5 分钟让香气更显。祁红与印度大吉岭和斯里兰卡乌哇高地茶并称世界三大高香红茶，提倡不加奶清饮。

特例外国茶：

印度大吉岭首采茶氧化度较轻，色泽偏青，冲泡水温以 85~90℃为宜，随手泡跳闸可先注入汤冷再按细嫩红茶冲泡方法泡饮。

大吉岭次采茶和乌哇高地茶富收敛性，对涩度敏感者可适当缩短浸泡时间以稍减收敛性，最好控制在 3 分钟以内出汤。前者有麝香葡萄味（Muscatel Flavor），后者带薄荷花香（Minty Flavor）。

印度阿萨姆红茶以加奶调饮为佳，如要清饮可适量减少投茶量，以免太浓。

中国红茶图录

图录介绍的是有一定产量规模且在国际市场较常见的中国功夫红茶：

1. 祁红功夫

产地：安徽省祁红产区。

审评：外形紧细匀秀，锋苗毕露，色泽乌润；毫少，毫色金黄；汤色红明亮，滋味醇和，味中有香，香中带甜，回味隽厚，具有特殊的类似玫瑰花的持久甜香。

2. 滇红功夫

产地：云南省凤庆县。

审评：外形壮结、重实、匀整、多金毫、色泽乌润，汤色红艳明亮，香气高鲜甜带花香，滋味醇厚较甘爽。

第六章 青茶
制作品饮皆功夫

关公巡城,韩信点兵。

——乌龙茶功夫泡术语

中国青茶工艺

青茶是六大基本茶类中氧化程度介于红、绿茶之间的茶类。大陆俗称乌龙茶，台湾的包种茶也属青茶类。青茶初制加工关键步骤依次为：萎凋 – 做青 – 炒青 – 揉捻 – 干燥。

1. 青茶萎凋分室外晒青和室内摊青（凉青）两步，萎凋时要适度轻翻薄摊的鲜叶使得之失水均衡。萎凋适度的鲜叶失水变软，有利浓缩茶汁、破坏细胞膜半透性、降低揉捻断碎率，也为香气物质的生成做好铺垫。阴雨天气时，室外日光晒青可改为室内热风萎凋。

2. 做青是室内摊青的延续，是形成青茶内质的关键步骤之一。做青要求反复地、间歇性地翻动或摇动萎凋叶（术语叫碰青或摇青），以利茶叶各部分的水分达到新的动态平衡。做青时水分会从含水量较高的茎梗和芽部位扩散到含水量较低的叶面部位（术语称走水），茶叶内含物质也随之缓慢扩散融合，生成大量芳香类化合物；做青时叶片间频繁的轻度撞擦使叶缘细胞破损，茶汁渗出暴露于空气中，其中的多酚类在氧化酶催化下快速氧化，形成破损部位局部红变。做青时的力度和间歇时间对品质的形成非常重要。

3. 炒青是将做好的青叶高温快炒。青茶炒青类似绿茶杀青，目的是钝化氧化酶以阻止酶促氧化反应，同时散发掉部分水分以浓缩茶汁降低揉捻破碎率。炒青后茶叶不再继续红变，包种茶炒青后要及时摊凉以免黄变。

4. 揉捻是为了做型，也是为了充分破坏叶细胞使茶汁渗出混合，进一步形成青茶内质。青茶揉捻要趁热，只有发酵度偏轻的包种茶揉捻时要注意散热。

5. 干燥是当揉捻叶达到理想的外形内质后降低茶叶水分含量，以阻止进一步化学反应。青茶干燥非常讲究，采用低温慢烘加反复烘 – 凉结合的烘焙手段，促发自然氧化与糖化等后熟反应，以改善香气结构、

加工品饮皆功夫的青茶

增加茶汤甜润度与层次感。干燥充分的茶叶也便于保存。球形或半球形青茶在初焙后要增加一道包揉工序做型，有些复焙后要复包揉整形，最后再细致烘焙至足干。

中国青茶考究

青形容色彩时含义非常丰富,黑色的"青"丝,黛绿的"青"山,翠绿的"青"草等等。青之名是近代六大茶类分类时采用的，贴切地对应了其干茶色泽和汤色的多元化：一般而言，氧化度低、焙火轻的青茶色泽翠绿；中度氧化与中焙火的青茶色泽砂绿；氧化度高、焙火重的色泽乌褐；重氧化但焙火轻的白毫乌龙，则红绿黄褐白相间。汤色也从蜜绿到金黄到橙红有很大差异。

青茶起源于福建武夷山地区。在龙凤团被废转制蒸青以及后来炒青绿茶兴起后，当地茶人经多次试验，探索出散茶时代最能发挥武夷茶优点的青茶工艺。如果说武夷山红茶始祖"小种红茶"是迎合西人口感的创新，那么武夷青茶始祖"武夷岩茶"则是按国人喜好打造的创新。福建地区有悠久的研膏茶生产历史，研膏茶干燥非常讲究反复烘、润结合，这种耐心细致的烘焙传统在散茶生产中得到继承与创新，小种红茶要求用松烟缓缓熏焙后先捡剔再复焙，青茶因中国人崇尚茶之真味，为避免烟气干扰，以低温炭火慢烘加反复烘－凉结合的方式干燥。

废团兴散早期，武夷岩茶不特指青茶，而是采制于武夷山的高品质散茶的统称。清代陆廷灿曾任崇安（今武夷山市）县令六年，任满后这位嘉定人仿陆羽《茶经》写作了一部《续茶经》。该书刊印于1734年，其中引18世纪初王梓《茶说》内容介绍武夷茶："武夷山周回百二十里，皆可种茶"，"在山者为岩茶，上品；在地者为洲茶，次之"。武夷山是典型的丹霞地貌，山上多红色碎屑岩，矿物质含量丰富，气候、生态与种质资源非常好，生长在武夷山上的岩茶先天品质优于山下平地栽培的洲茶；岩茶能成为上品不光靠天然品质，还要"种植、采摘、烘焙得宜"才能"香、味两绝"。王梓也介绍了岩茶与洲茶的鉴别方法：首先凭香气，岩茶与洲茶"清油不同"，前者香清，后者香油；其次看汤色，"泡时岩茶汤白，洲茶汤红"。

王梓所说的岩茶香气汤色颇类北苑研膏茶，我猜测他遇到的岩茶可能是借鉴研膏茶精细采摘、冷漂榨汁，但不再研膏压模的高档蒸青散茶；他所说的洲茶像红茶章节中谈到的工艺粗浅的酵化蒸青散茶或旬月变色的松萝式炒青。干细节，我们只能凭空想象了。

《续茶经》介绍的武夷茶特色制法引自清代王草堂《茶说》："茶采后以竹筐匀铺，架于风日中，名曰晒青。俟其青色渐收，然后再加炒焙"。王草堂表示这是武夷地区独有的制法，所制茶叶"半青半红"。晒青时要做到"茶采而摊，摊而摝，香气发越即炒"，摝是摇的意思，简而言之，鲜叶要经摊青、摇青处理，香气出来后要立刻炒青，加工过头或不足都不行，炒焙好的茶叶要拣去老叶枝蒂。王草堂所见武夷茶特色制法和现代青茶加工工艺吻合度很高，他的《茶说》写作时间也在18世纪初，只比王梓《茶说》略晚数年，也就是说18世纪初武夷青茶加工工艺已颇成熟，不过尚未成为绝对主流。

两王《茶说》对于武夷头春茶的采摘时间说法也不尽相同，王梓以"雨前者为头春"，王草堂将"自谷雨采至立夏"作为头春茶。按头春茶采摘时间分析，王梓遇见的武夷茶是绿茶的可能性更大了，因为它与明代主流炒青绿茶的头春茶采摘时间段吻合；王草堂所见的武夷茶则符合近代青茶采摘标准，而这个标准对绿茶来说则偏老了。虽然各自对头春茶的采摘时间不一样，不过两王均说秋白露采摘的武夷茶最香，这倒与现代福建青茶"春水秋香"的讲法有些共通之处。

董天工（公元1703~1771年）《武夷山志》编撰于18世纪中期，该书记载了清初武夷茶概况。岩茶主要花色有"小种、花香、工夫、松萝"，结合《续茶经》相关内容分析，小种是零星分布于武夷山上的名枞岩茶，是"以树名为名，每株不过数两"的各款稀有名枞茶的总称；花香是具有天然花香的岩茶；工夫是加工考究但原料非名枞的岩茶；松萝是以安徽松萝法制作的岩茶。这些花色里，松萝显然是绿茶，其他几个花色加工情况不详，但应包含当地独特的青茶制法岩茶。这些岩茶外形粗壮，"烹之有天然真味，其色不红"。

洲茶外形较岩茶细巧，香韵稍逊，由于种植面积广，花色品种比岩茶丰富得多，有"莲子心、白毫、紫毫、龙须、凤尾"等以漂亮外形做卖点的，也有"花香、兰香、清香、奥香"等以香气特色为号召的，都是取长补短发挥茶特点的做法。因为岩茶名声、价格俱高，供应量偏小，出现了洲茶冒充岩茶的作假行为，王梓《茶说》提到市场上拿木兰花窨洲茶冒充岩茶销售。武夷茶出名后，临近地区纷纷跟风移植容易种植的洲茶，所制之茶"运至山中及星村墟贾售"，有些不良商贩把外地茶拉到武夷地区冒充武夷茶出售，损害了武夷茶的声誉，王梓《茶书》对18世纪初大量冒充武夷茶的安溪茶最反感，也许当时安溪青茶名品铁观音没有横空出世。

18世纪中期各种制茶法在福建百花齐放，相互逐鹿，青茶最终能独领风骚要归功于功夫泡法的兴起。青茶制法配合功夫泡法最能发挥建茶味远力厚的特色，因此得以淘汰其他制法成为福建主流制茶法，武夷岩茶也演变成特指以青茶工艺加工的武夷山茶。青茶制法在福建风行后，先后传入临近的广东潮汕地区和对岸的台湾，成为这些地区的主流茶品。

中国青茶分类

大陆对青茶的俗称是乌龙茶，大陆青茶主要有三大特色产区：

• 闽北：产自以青茶发源地武夷山为中心的福建北部地区。闽北青茶外形呈扭曲条状，焙火度普遍较重，色泽乌褐油润，汤色橙黄，香气深厚醇郁。武夷岩茶是闽北青茶的品质代表，是生长于武夷山各岩区的风味众多的山地茶的总称，有武夷肉桂、武夷水仙、大红袍、名枞、奇种等多个品种。闽北水仙是闽北平地茶的代表。

• 闽南：产自以安溪为中心的福建南部地区。闽南乌龙外形卷曲呈半球形，焙火度适中，色泽砂绿或黄绿油润，汤色浅金带绿。香气清高馥郁。18世纪二三十年代创制的安溪铁观音是闽南青茶的品质代表，现在也有轻焙火型的闽南青茶，以迎合全国各地消费者的口味。

• 广东：产自接壤闽南的广东东部潮汕地区。广东青茶外形类似岩茶，不过条索较纤细，焙火度中到重都有，色泽乌褐、黄褐或砂绿油润，汤色浅橙黄或浅金褐。香气飘逸高扬。凤凰单枞是广东青茶的品质代表，由多种不同香型的单枞茶组成，有蜜兰香单枞、黄枝香单枞等多款茶品。

目前，中国其他茶区也有青茶生产，制法大致脱胎于这三个地区，以闽南制法最常见。现代青茶大多采用摇青机和机器烘焙以提高效率，只有部分高档茶仍坚持手工做青和传统炭焙工艺，优质炭焙青茶无涩味且口感层次较丰厚。

传统手工摇青（武夷学院附属幼儿园邀请制茶师傅给小朋友演示岩茶名品大红袍制作课程）

台湾青茶

台湾青茶的历史始于18世纪末，当时有福建移民把武夷地区的茶种和青茶制法带到台湾北部。徐英祥先生在《台湾之茶》中回忆道，福建移民带去茶种前，台湾虽有野茶，但无栽培生产。来自福建的茶种非常适应台湾水土，在移民的推广下，栽培面迅速扩大，不到半个世纪，台产乌龙茶就能返销福州、厦门等地。1865年，英商John Dodd首次将台茶出口到西方，当时台湾缺乏精制能力，初制茶要先运到福建精制后出口。1867年，Dodd在台设精制厂，聘福建技师指导生产，台茶开始直接出口。此后不少外商纷纷跟进到台湾投资乌龙茶生产外销，乌龙茶成为台湾大宗出口商品之一。

1873年，台湾乌龙茶出口滞销，茶商急中生智，把积压的茶叶运到福州窨制成香花茶销售。这种香花茶四两封做一包，叫包种茶。包种茶颇受欢迎，缓解了外销乌龙积压问题，台湾茶农茶商遂把它当茶名使用。此后，台湾专门从对岸移植香花植物在台窨制包种茶，福建茶商也赴台生产包种茶。1881年，包种茶首次出口西方市场，因带有花香而受欢迎。早期包种茶其实是窨花的粗大乌龙茶，随着育种和加工技术的进步，慢慢演化成具有天然花香的包种茶（实质是极轻发酵乌龙茶）。现在也有部分用茉莉花窨制的茉莉包种。

19世纪末20世纪初，安溪铁观音茶种和制法被引入台湾木栅地区，发展成木栅铁观音。铁观音包揉法自20世纪50年代起在台湾制茶界流行，很多包种茶和乌龙茶跟风改进揉捻工艺，从原先的条形茶变成现在的球形或半球形茶。台湾还根据本地情况研发出不少适制青茶树种，并开发出青茶新品。比如，20世纪20年代研发的白毫乌龙（东方美人），80年代研发的带奶香的金萱茶等。

中国青茶品饮

青茶品饮贵在韵，一杯好的青茶要有韵味。

候汤

冲泡水温见第二章普通泡法水温与时间参考表。具体操作如下：

随手泡凉汤法：

• 大多数台湾清香乌龙、包种、清香型铁观音等色泽翠绿的青茶不需要汤冷，随手泡跳闸后稍等片刻泡。

• 白毫乌龙（东方美人）需要汤冷，随手泡跳闸后，持壶自高处将开水慢慢注入汤冷再泡。

• 传统工艺制作的武夷岩茶、安溪铁观音、广东凤凰单枞、台湾木栅观音等茶色偏深的青茶适合高温冲泡，这类茶随手泡跳闸后直接泡，以功夫泡法冲泡最出彩。

也可采用控温或候汤方式直接煮水至适宜水温。

量茶

通用泡法茶水比1∶50。

功夫泡法茶水比1∶20～1∶30，传统工艺青茶投茶量宜偏高。

择器

1．单杯泡饮茶具：

• 瓷盖碗（160毫升）。

• 有盖有内胆的瓷杯或釉陶茶杯。

• 飘逸杯（小号）。

备注：盖碗易烫手，除非经专业训练，有洗茶步骤的传统工艺青茶，不建议使用。

2．多人饮茶具：

• 飘逸杯（大号）＋玻璃杯或瓷饮杯。

• 瓷、釉陶壶或玻璃壶与套杯组合。

• 紫砂功夫茶具（功夫泡法）。

备注：瓷茶具选白瓷、青瓷、青花、彩釉色等相配。人多换大容量茶壶冲泡。功夫茶具要选小壶，能凝香聚气、突显香韵或岩韵。

冲泡

（一）通用泡法

1．不洗茶冲泡法（适用包种、白毫乌龙和大部分清香型台式乌龙）：

• 向泡茶用具内注入适量开水，转动容器温具后倒空。

• 投茶后先注入1/3～1/4容量适温热水，转动容器润茶，再加适温热水至七八分满，加盖浸泡1～2分钟即可。

• 杯泡尽根出汤至饮杯；壶泡尽根斟入公道杯，再分到各饮杯。

• 一般冲泡三四回，每泡尽根。

备注：大多氧化度偏轻的台湾乌龙以及包种易涩，在保证香气滋味的前提下，浸泡时间尽量缩短。润茶时多转几次可加快出汤速度。

2．洗茶冲泡法（适用铁观音、岩茶、单枞和大部分大陆乌龙）

• 投茶后注入约1/3容量的适温热水盖没茶叶，条状茶马上尽根出汤洗茶；紧结的球状或半球状茶稍晃动容器后尽根出汤洗茶。

• 注入适温热水至七八分满，加盖浸泡1～2分钟即可。

- 杯泡尽根出汤至饮杯品饮；壶泡尽根斟入公道杯，再分到各饮杯。
- 一般冲泡三四回，每泡尽根。

备注：清香型观音易涩，岩茶和传统乌龙易苦，在保证香气滋味的前提下，浸泡时间要尽量缩短。后续浸泡时间可相当缩短。

（二）功夫泡法

详见下节。

功夫泡法

传统青茶如同 Espresso 咖啡，必须浓饮才有真趣，要发挥真趣得靠功夫泡法。

清代袁枚最早记载了青茶功夫泡。这位对饮食颇有讲究的杭州人在《随园食单》中提到，1786年秋游武夷山时，当地僧道争相献茶，所用茶具"杯小如胡桃，壶小如香橼"。袁枚之前讨厌武夷茶，觉得它又浓又苦像喝药（他是把武夷茶当绿茶泡了），武夷独具一格的功夫泡法令他品到武夷茶的美味。他感慨道，功夫泡法三泡之后还有味道，余韵持久，武夷茶的确名不虚传。

传统功夫茶具包括玉书煨（开水壶）、潮州炉（茶炉）、孟臣罐（茶壶）、若琛瓯（品茗杯）这四宝。孟臣罐因各地青茶风格的细微差异而有不同，味厚香蕴的青茶多用紫砂壶醇化茶汤，味醇香清的青茶多用盖碗扬香。一般而言，闽北多用小紫砂壶，潮汕多用小盖碗，闽南则偏小盖碗。此外，还有茶船等配套器具。

现在，方便干净的随手泡取代了玉书煨与潮州炉。20世纪80年代台湾兴起茶艺后，台湾功夫茶具增添了均汤的公道杯，方便嗅热香、温香、冷香的闻香杯。

功夫泡法器具不同，步骤也稍有差异，下面介绍笔者整理的简便实用青茶功夫泡法（适宜传统工艺青茶冲泡）：

功夫茶用具：

- 小紫砂壶（容量150毫升或更小，壶型以圆球形为佳）：如果您不怕烫，泡铁观音、凤凰单枞等潮汕茶可用白瓷小盖碗。笔者怕烫，不敢使用。
- 公道杯。
- 品茗杯：喝完可当闻香杯嗅香。虽然持香时间稍短，但不必多洗一套闻香杯和杯托，省力省水。
- 竹茶船：轻便耐用，经得起主人粗心大意毛手毛脚的撞磕。

- 随手泡：随手泡水冷会自动加温，要控制煮水量以免不必要的反复烧煮。
- 茶道组合。

冲泡：

- 候汤备具：随手泡调手动挡，水不要加满以防沸腾时开水溅出，用后马上放回底座。煮水时备具：把茶壶、公道杯、品茗杯在茶船上摆好，取适量茶叶（单杯包装撕开茶袋，罐装或袋装用茶匙量取适量放入茶荷备用）。

功夫茶具组合，茶船右方放置的分别为茶道组合（左）和盛茶的茶荷（右下）

- 温壶置茶：水开后冲入紫砂壶约一半容量，加盖转动茶壶温壶后倒入公道杯。投茶入温好的空壶（如怕茶叶散落，投茶时在壶口放个茶漏），条形茶装半满，半球形或球形茶装 1/3 满，喜浓爱淡可适量增减。所装茶叶如有断碎（很少出现，条形乌龙偶尔会有），短碎的放下面，长条盖上面。
- 洗茶出汤：持随手泡将开水高冲入壶，茶沫较多的茶冲水至水稍稍溢出以带走大部分浮沫（如此可免去壶盖刮沫，防止冲洗壶盖时烫手）；茶沫很少的茶冲水至满即停。冲水完毕马上盖好壶盖，尽根出汤到各饮杯和茶船中。
- 泡茶淋壶：即持随手泡向壶中重新注满开水后立刻加盖。再持随手泡以开水淋壶两三圈，要避免淋到壶盖上。
- 候茶温具：等待紫砂壶表面淋壶之水干掉，趁此 30 秒左右的空档晃荡公道杯中热水温杯并倒掉，品茗杯中洗茶之水直接倒掉。
- 出汤分茶：紫砂壶壶表干燥后（紧挨壶口那一小圈不一定干，请不要再等下去），尽根出汤到温过的公道杯中，然后分到温过的品茗杯里。

功夫泡的青茶要趁热喝才香，喝时一口饮尽，然后空杯闻香。功夫泡一般泡饮四五回，后续几泡如紧接着泡，壶温足够就不需开水淋壶。一些内质丰富的青茶可再多泡几回。

备注：

- 以上方法主要适用冲泡水温要求高的传统工艺青茶（如单枞、岩茶、传统安溪铁观音、台湾木栅铁观音等）。
- 大陆清香型铁观音最好换白瓷小壶泡，免淋壶，浸泡约 30 秒出汤。

- 大部分台湾乌龙以功夫泡冲泡时,投茶量宜稍减(约 1/4 满),随手泡跳闸后稍等数分钟再泡,免淋壶,浸泡约 40 秒出汤。

- 白毫乌龙和大部分包种茶不建议用紫砂壶,可换稍大的瓷壶或玻璃壶,凉汤至适温冲泡,注水七八分满,免淋壶,浸泡约 40 秒出汤。

- 台湾青茶种类繁多,一些青茶可冷泡,请按生产商标注指示冲泡。

中国青茶图录

图录介绍的是有一定产量规模和市场知名度的几款特色青茶:

1. 铁观音

产地:福建省安溪县。

审评:外形紧结沉重,色泽砂绿油润,汤色金黄明亮,香气馥郁,芬芳悠长,滋味醇厚甘鲜。

备注:目前市场上非传统工艺的清香型铁观音较多,干茶色泽偏翠绿或黄绿。

2. 本山

产地:福建省安溪县。

审评:外形颗粒拳曲、紧结、重实、色泽翠润,汤色蜜黄明亮,香气清高馥郁,滋味醇。

3．黄金桂

产地：福建省安溪县。

审评：外形颗粒拳曲、紧结、色泽砂绿油润，汤色黄绿明亮、香气浓郁，滋味较醇。

4．永春佛手

产地：福建省永春县。

审评：外形颗粒拳曲、壮实、色泽砂绿油润，汤色深金黄、明亮，香气浓郁，滋味较浓醇。

5．白芽奇兰

产地：福建省平和县。

审评：外形颗粒呈螺钉形、紧结、重实、色泽深绿油润，汤色金黄明亮，香气清高馥郁，滋味较浓醇。

6. 武夷大红袍

产地：福建省武夷山市。

审评：外形条索扭曲、紧结肥壮、色泽乌褐油润，汤色橙红明亮，香气浓醇有花香、岩韵显。

7. 武夷肉桂

产地：福建省武夷山市。

审评：外形扭曲条形、条索壮结、色泽乌褐油润，汤色橙黄明亮，香气浓郁有花香、岩韵显。

8. 武夷水仙

产地：福建省武夷山市。

审评：外形条索扭曲、壮硕、色泽乌褐油润，汤色橙黄明亮，香气浓郁，滋味醇厚。

9. 黄枝香单枞

产地：广东省潮州市。

审评：外形条索扭曲、壮结、色泽乌褐油润，汤色金黄明亮，香气浓郁，滋味浓爽。

10. 蜜兰香单枞

产地：广东省潮州市。

审评：外形条索扭曲、紧结、色泽褐黄油润，汤色金黄明亮，香气蜜兰香浓郁，滋味醇、甘爽。

11. 冻顶乌龙

产地：台湾省南投县。

审评：外形颗粒壮结、重实、色泽墨绿润，汤色浅橙黄清澈明亮，香气浓郁带火工香，滋味甘醇、鲜爽。

12. 阿里山茶

产地：台湾省阿里山。

审评：外形颗粒壮结、重实、色泽深绿油润，汤色蜜黄清澈明亮，香气花香浓郁（有乳香），滋味醇厚、鲜爽。

13. 文山包种

产地：台湾省台北市、桃园县。

审评：外形条索紧结、色泽深绿油润，汤色绿亮，香气清高有花香、滋味醇厚、爽。

14. 白毫乌龙（又有东方美人、膨风茶、着园茶、香槟乌龙等多种称呼）

产地：台湾省新竹县等。

审评：外形花朵形、显毫、毫芯肥壮、色泽红褐油润,汤色橙红明亮,香气高甜，滋味醇厚、鲜。

第七章 白茶
复古也能成时尚

田子艺以生晒不炒不揉者为佳,其法亦未之试耳。

——17世纪明代茶人闻龙《茶笺》评语

中国白茶工艺

白茶是六大基本茶类中加工步骤最少的茶类。其氧化程度稍高于绿茶，初制加工关键步骤依次为：萎凋 – 干燥。

1. 白茶萎凋是让室外或室内摊放的鲜叶长时间失水，以浓缩茶汁。白茶萎凋程度比红茶重很多，由于长时间失水，细胞膜半透性破坏严重，原本被挡在细胞内的大分子内含物缓慢外析暴露于空气中，其中的茶多酚类在氧化酶作用下发生酶促氧化，形成白茶内质。

2. 干燥是当萎凋叶达到理想内质时降低了茶叶含水量，以阻止进一步化学反应。干燥充分，有助于茶叶保存。

中国白茶来历

白茶与最古老的鲜叶自然晒干或阴干同出一脉，只不过白茶建立了规范的工艺，不再是原始制法那么随意散漫。明人田艺衡（子艺）作于16世纪中期的《煮泉小品》认为，"芽茶以火作者为次，生晒者为上"，他称赞生晒细茶冲泡后芽叶舒展，青翠鲜明无火气。不过，这种茶可能颇冷门，书中仅简单带过，且产地不明，反倒对火作的西湖龙泓茶介绍颇详。田艺衡是杭州人，他认为《郡志》未记载的龙泓是西湖诸山茶叶之最，龙泓也叫龙井，是现代龙井茶发祥地。

白茶商业化生产始于18世纪末的清代，据说福建北部福鼎市的茶农抽取当地菜茶茶芽，以古老的生晒法创制银针茶。菜茶是福建地区对未经人工选育、天然生长而品种繁杂的本地茶树的统称，精选茶芽晒制提高了菜茶的附加值，成为一种新奇的商品茶。银针制法后来传到附加水吉、政和等地。19世纪中期，福鼎太姥山发现芽头比菜茶肥壮得多的野生大白茶树种，茶农将之引种到福鼎和周边地区；19世纪后期，以大白茶壮芽制作的白毫银针一炮而红，该茶芽头肥壮、密披白毫，当时作为高档茶出口，被外商归为红茶。后来水吉还创制出用大白茶细嫩芽叶晒制的白牡丹。

白茶制法看似简单，实际上萎凋时间长而变数多，采制过程中对天气要求很高,有"晴采雨不采"、"露水叶不采"、"天热变红,天冷变黑"等说法。采制中如遇天气突变,缺乏丰富经验的制茶人往往来不及补救,茶芽做坏无利可图,因此普及率不高,主要局限在福建北端少部分地区。白茶香气含蓄,品种较单一,历史上以外销为主,是外销市场上一个具有特色的小众茶品。

此白茶非彼白茶

宋徽宗《大观茶论》写到一种非常罕见的白茶树,枝条柔软舒展,芽叶莹薄,叶色玉白。其嫩芽采制的白茶(龙凤团)是龙凤团茶中的顶级品。徽宗所记白茶是蒸青研膏绿茶饼,不是本章讨论的六大基本茶类里的白茶,其原料也不是芽叶肥大多毫的大白茶树种。

徽宗赞赏的白茶树在书中完成她的惊鸿一瞥后似乎隐匿了,直至20世纪80年代,浙江省安吉县的深山里发现了与徽宗白茶相似度很高的野生白茶树。这个白茶树种属于温敏感型变种,早春低温条件下萌发的芽叶不但有白化现象,而且氨基酸含量高于平均水平。

茶叶科学家通过移植育种培养出安吉白茶无性系茶种,首先在安吉推广,名优绿茶"安吉白茶"90年代面市即以滋味鲜甜获得好评,安吉成为安吉白茶之乡。现在,江南茶区有不少地方引种安吉白茶树种,生产实为绿茶但名叫白茶的名优绿茶,比如,浙江长兴白茶、江苏天目湖白茶等。

中国白茶分类

白茶种类很少,有全芽茶与芽叶茶两大类:

• 全芽茶:以大白茶芽头制作的白毫银针。主产区为福鼎和政和。传统政和白毫银针是萎凋后晒干或阴干的,现在,普遍改用福鼎萎凋后烘干的制法。

• 芽叶茶:大致包括大白茶嫩芽叶制作的白牡丹;菜茶嫩芽叶制作的贡眉;不含芽头的大白茶嫩叶或者抽取芽头制作银针后剩余的大白茶嫩叶制作的寿眉。

白茶加工用火最少,茶性最寒凉;福建地区传统以为白茶陈放后其性更寒,是一味退高热、祛暑气的良药。

白茶不揉不炒,茶汤浸出速度较慢。1968年应港商要求,出

上海-润茶业有限公司提供的陈放5年的白茶饼(寿眉压制)

白茶室外和室内萎凋（左图）
白茶室内立体萎凋（右图）

口香港地区的白茶在萎凋后先轻度揉捻再干燥，这种新工艺白茶出汤速度比传统白茶快。

中国白茶品饮

白茶品饮贵在和，冲泡后细腻的香气和口感要浑然一体。

候汤

冲泡水温见第二章普通泡法水温与时间参考表。具体操作如下：

随手泡凉汤法：

• 白毫银针需汤冷，随手泡跳闸后，持壶自高处将开水慢慢注入汤冷，让汤冷中的水再凉数分钟后泡茶。

• 白牡丹和其他芽叶白茶需汤冷，随手泡跳闸后，持壶自高处将开水慢慢注入汤冷，用汤冷中的水泡茶。

也可采用控温或候汤方式直接煮水至适宜水温。

量茶

白茶茶水比1∶60。

紫砂壶泡白牡丹茶水比可调到1∶50。

择器

1. 单杯泡饮茶具：

• 盖碗（160毫升）

• 有盖瓷茶杯

2. 多人饮茶具：

• 玻璃壶或瓷壶与套杯组合

• 单杯泡饮茶具按人数逐杯冲泡

备注：瓷茶具以白瓷、青花、彩釉较相配。白牡丹也可以中号或大号扁身紫砂壶泡。

冲泡

• 向泡茶用具内注入 1/3 ~ 1/4 容量的适温热水。

• 投茶后即稍稍转动容器润茶，然后加适温热水至七八分满，加盖浸泡 4 ~ 6 分钟即可。

• 杯泡直接饮用；壶泡以巡回轮斟法出汤至饮杯中，即每杯先斟一半不到，翻转顺序倒过来再斟至七八分满，使每杯茶汤浓度均匀。

• 一般可泡三回，前两泡留根，白毫银针最好及时续水，最后一泡尽根。

备注：白牡丹也可先投茶，再注入适温热水至七八分满，加盖浸泡 4~6 分钟。

中国白茶图录

白茶种类少，图录介绍的主要是银针、白牡丹和寿眉。

1. 白毫银针

产地：福建省福鼎市。

审评：外形芽针肥壮，满披白毫，色泽银亮；汤色清澈明亮，呈浅杏黄色，香气清鲜，滋味鲜醇微甜。

2. 白牡丹

产地：福建省福鼎市。

审评：外形芽叶连枝、自然花朵形、毫心肥壮银白、叶面灰绿，汤色黄明亮，香气清鲜，滋味鲜醇。

3. 寿眉

产地：福建省福鼎市。

审评：外形叶片完整、显毫，叶缘稍卷，叶绿微有红脉，汤色黄亮，香气鲜纯，滋味醇爽。

第八章 黄茶
失败乃成功之母

然过熟愈于不熟,以甘香之味胜也。故君谟论色,则以青白胜黄白,而余论味,则以黄白胜青白。

——11世纪宋代黄儒《品茶要录》评语

中国黄茶工艺

黄茶是六大基本茶类中以独特闷黄技术加工而成的茶类,闷黄使叶色黄变,口感更趋柔醇甜润,出现独特的闷黄味。黄茶加工工艺类似绿茶,氧化程度稍高于绿茶。初制加工关键步骤依次为:杀青 – 闷黄兼做型 – 干燥。

1. 杀青是通过高温快速处理鲜叶来固定叶色兼散发青臭气。杀青高温钝化了叶细胞中的氧化酶,使之无法再催化剧烈的酶促氧化引起茶叶红变。杀青也使挺括的鲜叶失水变软,浓缩了茶汁,也有效地减少了加工过程中的断碎率。

2. 闷黄是将湿润的杀青叶(或揉捻叶)堆聚在一起使其在湿热作用下发生黄变。不同黄茶闷黄的时间和工艺不一,有些要静态闷黄,有些要反复摊 – 烘 – 闷结合,有些要反复闷 – 炒结合,等等。闷黄使得茶叶内含物在湿热作用下发生化学反应,形成黄茶品质。因杀青时氧化酶已彻底钝化,不会促发激烈酶促氧化引起茶叶红变,黄变的主要原因是湿热条件下,叶绿素发生自然氧化和水解反应而失绿。

3. 干燥能起到固定品质和定型的作用,及时干燥可阻止进一步化学反应。充分干燥有助于茶叶保存。

中国黄茶起源

绿茶加工过程中如未能及时干燥,会出现黄变现象。北宋黄儒《品茶要录》云,"有造于积雨者,其色昏黄",连续阴雨使空气湿度增大,研膏绿茶足干时间过长,成品色泽昏黄,是不利品质的黄变。宋代研膏茶崇尚汤色白,汤色白的关键之一是蒸青要恰当,蒸不熟汤色青白,蒸过熟汤色黄白,福建人黄儒认为过熟好过不熟,因为茶过熟甘香,茶不熟有核桃仁气。他品评道,蔡襄看重汤色所以觉得青白比黄白好,他看重滋味所以认为黄白比青白好。蒸过熟的茶变黄变甘甜与现代黄茶加工原理有暗合之处,不过,黄的观点是小众观点,没有得到市场应和。

明代炒青绿茶刚兴起时,锅炒杀青技术掌握不熟练,会发现过生发红、过熟犯黄的现象。明代张源《茶录》和闻龙《茶笺》均提到,炒茶时杀青时间过长或杀青后不及时冷却会导致茶色发黄。在炒青初起的大变革时代,这种加工失误被有心的制茶人当作创新契机,独辟蹊径地研究出闷黄技法,成就一个新茶类。随着炒青技术的普及完善,普通绿茶品质有了很大的提高,也涌现出大量工艺更精湛的名优绿茶;黄茶因费工费时,卖相不如绿茶等原因无法广泛普及,但也没被淘汰,而是凭借其独特的甘香口感成为广大绿茶产区的一个小众茶类。

中国黄茶分类

黄茶按采摘标准可分为黄芽茶、黄小茶与黄大茶三类。

• 黄芽茶：以芽头制作的黄茶。主要有湖南君山银针和四川蒙顶黄芽。这两个茶闷黄时要以绵纸包裹。

• 黄小茶：以细嫩芽叶制作的黄茶。主要有湖南沩山毛尖、浙江莫干黄芽、安徽霍山黄芽、湖北鹿苑茶等。沩山毛尖烘干后需烟熏；霍山黄芽在 8 世纪唐代李肇的《唐国史补》中有记载，不过当时的霍山黄芽是鲜叶本身偏黄的蒸青茶，不是后来以闷黄工艺生产的同名黄茶。

• 黄大茶：以带成熟枝梗的鲜叶制作的黄茶。黄大茶现在已不怎么生产了，广东大叶青、温州黄汤属于黄大茶。

中国黄茶品饮

黄茶与绿茶同出一系，品饮方式差不多。黄芽茶与黄小茶可参考名优绿茶品饮法，黄芽茶冲泡参考异常细嫩名优绿茶，黄小茶则参考名优绿茶。

中国黄茶图录

黄茶产量稀少，现在一些传统黄茶已改用绿茶工艺制作，只有少数仍以传统黄茶工艺生产。本书仅介绍产于四川省名山县的蒙顶黄芽。

蒙顶黄芽

产地：四川省名山县。

审评：外形全芽较壮、扁平较光、略有毫、色泽嫩黄油润，汤色嫩黄明亮，香气嫩香带甜香、滋味甘醇。

第九章 黑茶
茶马交易硬通货

宁可三日不食,不可一日无茶。

——中国西北谚语

中国黑茶工艺

黑茶是六大基本茶类中靠渥堆后熟技术制作的茶类。黑茶原料粗老，渥堆时间比闷黄长得多，茶堆的规模也大得多。黑茶渥堆时温湿度升高明显，除了湿热作用产生的化学反应外，还有黄茶生产所没有的活跃的微生物反应。粗老茶叶所含的大量纤维素和果胶质被微生物降解，使粗硬的叶梗变柔软，茶色变乌褐，形成黑茶特有的风味。黑茶初制加工关键步骤依次为：杀青 – 揉捻 – 渥堆 – 干燥。

1. 黑茶杀青是通过高温快速处理鲜叶来固定叶色兼散发青臭气。杀青高温钝化了叶细胞中的氧化酶，使之无法催化剧烈的酶促氧化反应引起茶叶红变。杀青还软化了干硬的粗老叶片和木质枝梗，方便了揉捻作业。

2. 揉捻是为了充分破坏枝叶细胞使茶汁大量渗出混合，为渥堆提供物质准备，同时也有适度做型的作用。大部分黑茶原料粗老，揉捻时要趁热揉，如杀青叶温度下降变硬，要以揉炒结合的方式再次炒热软化后继续揉。

3. 渥堆是将大量湿润揉捻叶堆聚成一个高大茶堆，通过调节茶堆温湿度和环境条件促进有益菌繁殖，抑制不利菌生长直至形成黑茶特有的品质。渥堆期间要监测堆温，堆芯温度过高要里外翻堆散温，以免高温"烧坏"茶叶；为均衡茶堆内外的渥堆反应，翻堆散热后要搅拌均匀再归堆继续渥。有些非常粗老的黑茶渥堆完成后要再次揉捻以定型。

4. 干燥能起到固定品质和定型的作用，及时干燥可阻止进一步化学反应。干燥充分也有助茶叶保存。黑茶由于需要继续压制，散茶含水量较高。

黑茶以紧茶为主，散茶通常叫毛茶，毛茶蒸压前要精制分级，再按配方拼配成半成品，称量蒸压后烘干成紧压茶。

中国黑茶滥觞

现代黑茶的源头可能是陆羽《茶经》里的粗茶，其形成与发展离不开西北游牧民族。8世纪的唐代，茶成为国饮，饮茶习俗随大唐帝国的影响力很快扩散到西北塞外，当地游牧民长期食用酸性饮食易生病，茶是平衡其饮食结构的最佳选择。

唐代有饼茶、散茶、末茶、粗茶之分，西域换取的茶主要是便于携带保存的饼茶（原料较精细）和压制成饼的粗茶。作为日用消耗品，价格低廉的粗茶自然是广大牧民的首选，西域煎煮兑奶的饮法能掩饰粗老味，粗茶纤维素含量高，助消化功能更好，慢慢成西域市场主流茶品。

因地理位置靠近西域，川茶是唐宋时代茶马交易的主体。宋代茶马法规定，川茶必须先保证官方茶马互市的需求，如有余额才可自由买卖。虽然大宋多次明令禁止并多次打击民间私下的茶马互市，但利之所趋，私下交易一直断续存在。官私贸易时间久了，对目标市场的喜好了如指掌，茶马互市用茶遂专门采割包含枝梗、茶果的粗老原料以迎合市场需求。

由于原料实在粗硬，常规蒸压难以成型，要额外进行软化处理。比如，延

管中窥豹之唐代西域饮茶故事二则

唐代塞外地区主要在北方回纥（维吾尔族与裕固族祖先）和西方吐蕃（藏族祖先）控制中，这两个民族在唐代就迷上了茶。

回纥

唐人封演写作于8世纪末9世纪初的《封氏见闻录》记载，回纥每此进京朝见大唐皇帝都要携带大批良马到长安换茶带回。"往年回鹘入朝，大驱名马市茶而归"。回鹘是回纥于公元788年正式向唐朝申请更改的中文译名，使团历年的做法说明茶在回鹘是非常紧俏好销的商品。

吐蕃

唐代李肇《唐国史补》记载，唐德宗年间，出使西蕃的常鲁公在帐篷里煮茶，赞普（吐蕃王）询问是何物，听常说是茶，赞普道"我也有"，并命人拿来，亲自指点介绍说，"这是寿州的，这是舒州的，这是顾渚的，这是荆门的，这是昌明的，这是湖州的"。

常鲁公出使吐蕃大约在8世纪80年代，吐蕃王一下子就拿出安徽、浙江、湖北和四川的茶，其中不少是知名产区茶。他还能娓娓道出来历，对茶颇为熟悉。熟知中原茶的赞普首次看到常先生煮茶怎么不知道那是茶呢？这恐怕是因为两地饮茶方式大不同。常先生当是中原派的研末煮饮，吐蕃是藏民传统的扬碎饼茶煎浓汁兑奶或酥油，赞普看到的也许是研好的茶末或烧煮的清茶，这和他见惯喝惯的"茶"差太多了。

长蒸青时间、反复蒸茶然后趁热捣踩定型、堆积捂软；带成熟枝梗的原料本不甚青翠，额外软化处理又使茶黄变甚至褐变。目标市场加奶煮饮的习惯和漫长的运输周期使西域消费者根本无视新鲜度，生产商为降低成本，蒸压成型的边销粗茶往往任其自然风干；边销茶体积大，自然干燥时间久，在此过程中继续氧化陈变，干茶色泽与汤色更加深。

黑茶也曾叫做乌茶，《明史食货志》记载明朝恢复茶马法，朱元璋诏四川境内"天全六番司民，免其徭役，专令蒸乌茶易马"。天全县临近川茶易马集结地雅安，划为乌茶生产点便于物流运输。16世纪锅炒杀青技法普及后，锅炒杀青全面淘汰了蒸青杀青，现代黑茶工艺由此而来，当时的干燥手段仍是靠自然能源日晒风吹。

牛气冲天的输藏紧压茶传统包装

历史上从四川发往拉萨以及更边远藏地的紧压茶在入藏前要重新分包。新包装要求能承受青藏高原漫长而艰巨的交通运输考验，坚固而不易透水的生晒牦牛皮成为藏茶包材。在四川雅安等茶马交易集结地，输藏紧压茶被拆包分割，重组成适合高原运输的规格，未硝制的生牛皮泡水软化后裹紧这些茶，再密密缝合。牛皮自然干燥后收紧成致密的保护层，这种包装不怕风雨和大力撞击，即使掉到河里，捞起来后也不用担心损耗。

生牛皮包装的茶，加牛奶或酥油调饮，是不是很牛很和谐啊。

四川雅安茶马交易雕塑

乌茶后来改称黑茶，《明史食货志》提道："嘉靖三年（1524年），御史陈讲以商茶低伪，悉征黑茶"。当时茶马互市除官茶外也准商茶易马，但商茶以次充好低价倾销，扰乱市场的同时也影响边境关系。官方征收黑茶后标明等级商号以打击伪劣商茶冲击市场。不久湖南黑茶走私兴起，价格低廉的走私茶严重冲击官方茶马交易，16世纪末期，明朝廷体会到与其禁止河南黑茶走私，不如将其纳入正规渠道，遂容许茶商购买茶引后与西番交易。

中国黑茶分类

中国黑茶主产区有四川、湖南、湖北、云南和广西。

- 四川黑茶：四川黑茶历史悠久，可追溯到唐代茶马互市之茶，宋代是官方茶马交易专用茶，明代是茶马交易主要用茶。清代因行政命令划分为南边路茶与西边路茶：南边路茶制造中心雅安，专供青康藏地区；西边路茶制造中心都江堰，专供川西北、甘肃与新疆部分地区。现在南边路茶品种有金尖、康砖，西边路茶有方包茶。

- 湖南黑茶：湖南黑茶兴起于明代，以安化为生产中心。湖南黑茶的毛茶（未经压制的散茶）以松烟熏黑，形成边销市场喜爱的油润黑褐色。湖南黑茶主要品种有黑砖、花砖、茯砖等，主销新疆、青海、甘肃等西北地区，部分销西藏。

- 湖北黑茶：湖北黑茶始于清代，以临近湘北的鄂南羊楼洞为集散中心，主产青砖茶，主销内蒙古地区。

- 云南黑茶：传统普洱茶是因运输周期长而在运输途中自然氧化陈变的晒青饼茶，主销西藏、香港以及东南亚等地。新中国成立后因储运条件提高，运输周期大为缩短，到达目标市场的普洱茶来不及达到传统的陈化度。因市场呼声，1975年推出参考黑茶渥堆工艺快速人工后熟的普洱茶，工艺上归类于黑茶。普洱茶的来龙去脉，普洱生、熟茶的分辨将在下一章单独讨论。

- 广西黑茶：广西黑茶六堡茶原是将蒸软的散茶填压到篾包内任其自然干燥，与传统方包茶的成型法类似。现在也有不用篾包装填直接压制的紧茶，风味上有所差异。绝大多数传统黑茶（不包括后来创制的云南熟普）采摘标准颇粗老，带木质化茎梗，须靠刀割采收。六堡茶是个例外，它采成熟芽叶，不需刀割采收。主销湿热的东南亚与港澳地区。

历史上,边销黑茶蒸压形状各异,大多为适合马匹驮运或人力背运的形状。新中国成立后因边区公路建设和运输工具更新,边销茶多蒸压成单位体积不大易于叠放的标准化砖茶,不过,仍有少数传统形状由于目的市场的偏好而保留生产。

篓装的黑茶:六堡茶。广西六堡产,毛茶蒸软后填压到篓包里筑实,任其自然干燥形成独特风味。(左图)

最壮观的黑茶:千两茶 又名花卷,重 36.5 千克(旧制千两),高约 1.5 米。湖南安化产,人工筑压成柱状,竹篾包装。新中国成立后运输水平提高,体积庞大的花卷被改制成标准化规格的花砖,现有少量千两茶作为特种茶恢复生产,也有小型百两茶、十两茶等。(右图)

中国黑茶品饮

黑茶以边销为主,传统上,国内主流市场包括产地居民均不太习惯其特殊的陈味。现代饮食结构中脂肪、蛋白质摄入量显著增加,饮食口感多元化,加上黑茶厂商的宣传,主流市场开始慢慢接触这个茶类。主流市场饮用黑茶以清饮为主,如果加奶岂不是违反了降脂减肥的初衷?清饮注意事项如下:

醒茶

黑茶大多为紧压茶,喝前要醒茶。即提前撬下约两周用量的茶,拆碎后置于洁净无异味的陶罐、纸盒或纸袋中,放在干燥阴凉通风处醒茶。醒茶是为了增加茶与空气接触的总表面积,更好地散发渥堆气和宿气,令茶味更顺口。拆散后取茶冲泡也较方便,现在市场上有单杯泡小粒紧茶,这种不用拆散醒茶,可直接泡。

候汤

冲泡水温见第二章普通泡法水温与时间参考表。具体操作如下:

随手泡凉汤法:

- 细嫩芽叶制作的黑茶（如嫩芽熟普），随手泡跳闸后稍等数分钟泡。

备注：绝大多数黑茶不用凉汤，随手泡跳闸后可直接泡。

量茶

熟普芽茶茶水比1∶60。

其他黑茶茶水比1∶50。

择器

1. 单杯泡饮茶具：

- 飘逸杯。
- 有盖带内胆瓷杯或陶杯。
- 中号高身紫砂壶（350毫升）+瓷杯或玻璃饮杯（80～120毫升）。

2. 多人饮茶具：

- 玻璃壶、瓷壶或陶壶与套杯组合。
- 大号高身紫砂壶+瓷杯或玻璃饮杯（80～120毫升）。
- 飘逸杯（大号）+玻璃杯或瓷饮杯（80～120毫升）。

冲泡

（一）通用泡法（可泡大多数传统黑茶）

- 冲入少量开水温泡茶用具后倒空。
- 投茶后注入约一半容量的开水盖没茶叶，稍晃几下等约5秒尽根出汤洗茶。
- 再注入开水至七八分满，加盖浸泡约2分钟即可。
- 杯泡尽根出汤至饮杯品饮；壶泡尽根斟入公道杯，再分到各饮杯。
- 一般冲泡四回，每泡尽根。

备注：

- 嫩芽熟普可免温泡茶用具。
- 熟普和六堡等原料不粗老的黑茶浸泡时间易缩短至30～45秒，浸泡过时味道浓苦重厚，有喝中药感，一般消费者不太适应。这种泡法可多泡几回。

（二）煮饮（适合喜欢浓饮者）

- 粗老黑茶可煮饮，先以锅煮水，水开后投茶继续煎煮沸腾约5分钟即可，饮时先滤去茶渣，再加微量盐粒调味。也可加肉桂粉、姜粉或茴香粉等调味。

备注：熟普不宜煮饮，喜喝浓味者，洗茶后加盖焖泡3～5分钟再饮，续水前可留根泡。

中国黑茶图录

图录介绍的是主流市场较熟悉的几款黑茶的散茶原料：

1. 湖南黑茶散茶

产地：湖南省。

审评：外形壮实、色泽乌褐、汤色红褐、香气纯正陈香明显，滋味浓厚。

2. 普洱熟茶散茶

产地：云南省。

审评：外形肥壮紧结，多芽毫，色泽红褐较润，汤色红浓明亮、香气甜有陈香、滋味醇厚软滑。

普洱茶 | 第十章
彩云之南土特产

普洱茶蒸之成团,西番市之,最能化物。

——明末清初方以智《物理小识》记载

中国普洱茶工艺

现代普洱茶按加工工艺分生普洱、熟普洱两大类，原料均为云南大叶种晒青毛茶。晒青毛茶初制程序为"杀青－揉捻－日光晒干"，杀青、干燥时加工温度均低于炒青或烘青。由于加工温度偏低，茶叶氧化酶钝化不彻底，有些只发生暂时钝化。随着时间的推移，暂时钝化的氧化酶会缓缓复苏，催化茶品后期氧化速度，促进形成特殊的陈味。

生普源于普洱茶传统制法，云南大叶种晒青毛茶精制后称量蒸压成紧压茶，可通过自然陈变成为具特色风格的普洱茶。

熟普是1974年研发的普洱茶渥堆快速陈化制法，以云南大叶种晒青毛茶按黑茶渥堆工艺堆积泼水，控制温湿度和其他环境条件，加速后熟形成陈化风味，渥堆后熟的普洱茶可精制成熟普散茶，或精制蒸压成熟普紧压茶。

生普、熟普的由来

生普可归为适宜陈变的特殊绿茶紧压茶，传统消费市场主要是青藏、港澳和东南亚华裔圈。历史上，普洱散茶收自各山头，压饼前要进行归堆分筛等前期处理；山路崎岖交通不便影响散茶收集速度，归堆散茶如数量不足则无法开始压饼，因此部分压饼散茶会经历一段堆放期。此外，压饼后从产地到各目标消费市场的运输距离和货输周期都颇长。云南、香港以及东南亚气候湿热，当时的储运条件下，散茶短期堆放和饼茶长途运输中易发生氧化；运往藏区远地的茶虽换成防水的生牛皮包装，但牛皮须浸水软化，反而提高了紧茶的含水量，刺激氧化陈变。诸多因素影响下，1949年前传统消费市场售卖的普洱茶大多发生了明显的氧化陈变，色泽变棕褐、香气陈化、口感趋于顺滑，形成独特的陈香风味。

熟普可归为特殊黑茶散茶和特殊黑茶紧压茶。新中国成立后交通路况、制茶工具和储运条件等有所改善。普洱茶生产效率提高，到达传统市场的货输周期大为降低，生产、运输过程中的氧化也有所控制，到达目标消费市场的茶达不到传统陈化度。传统消费市场不适应这些陈变不足的茶，要在当地压仓发酵再出售。1973年昆明茶厂对照广东市场上后熟陈变普洱茶样开展快速陈变研究，第二年成功研究出参照黑茶渥堆工艺的普洱渥堆快熟陈化法，自第三年起推广到云南各普洱茶厂的普洱茶生产中。

中国普洱茶之乡云南

云南偏于西南一隅，在青藏高原南延区和云贵高原上。境内水网密布，主要为高原山地，垂直落差很大，区域气候差异明显，还有典型的垂直气候分布带。大多地区降雨充沛，植被茂盛，动植物资源非常丰富。由于地理位置偏僻，交通不便，少数民族众多等原因，云南原始森林保存率颇高，保有中国一半以上的动植物资源，也给众多古茶树留下一个栖身之地。我国西南茶树发源地里，云南省的古茶树资源最丰富，境内相继发现大量各种生态的古茶树和古茶园。有最古老的野生茶树和栽培茶树、野生古茶树群落、古茶园等等。

镇沅县千家寨野生型古茶树王　1991年发现于哀牢山国家级自然保护区原始森林，是千家寨千年古茶树群落中最老的一株，也是世界最古老的野生茶树。1996年鉴定树龄约2 700年，生长地海拔2 450米，树高25.6米，树幅22米×20米。（上图）

中国邮政1997年发行的茶文化套票　左上角是澜沧县邦崴古茶树邮票，该茶树是处于野生到栽培驯化进程的过渡型茶树，具重大考古意义。1991年测定树龄1 000余年，生长地海拔1 900米，树高11.8米，树幅8.2米×9米（下图）

云南少数民族茶文化

云南境内众多的少数民族和丰富的茶树资源孕育出多姿多彩的当地茶文化。有些古老民族至今保留着远古的食茶之风，像景颇族和德昂族的腌茶，瑶族、苗族、壮族的特色油茶；有些民族饮茶时颇具古风，要先烤茶再煮饮或泡饮；有些民族尊茶为本族图腾圣物，德昂族神话史诗《达古达楞格莱标》唱到：远古时代地上洪荒，天庭降下一百零二片茶叶，单数叶片变成小伙子，双数变成姑娘，成为德昂部落的先祖，共同开垦远古人间。

云南众多少数民族还流传着三国时诸葛亮（公元181~234年）教授栽种茶树的传说。诸葛亮是三国时代蜀国的宰相，曾于公元225年率军南征蜀国后方的南中（今四川南部、云南、贵州地区）平定骚乱。诸葛亮南征途中很注意以攻心术安抚感化当地百姓，有关他南征时的善举很多，武侯种茶是其中之一。巴蜀乃茶文化发源地，种茶传说有一定历史依据：可能诸葛亮在云南发现丛林野茶，为了睦邻，让土人"有恒产者有恒心"地安居乐业，把巴蜀先进的栽茶技法传给了他们。

中国普洱茶今昔

元代以前，云南和中原间交流甚少。唐代樊绰《蛮书》是首部提到云南茶的中原作品，该书作于公元863年，于次年做了补全。记录了作者担任安南从事（幕僚）期间调查到的云南风土人情。安南是越南古称，唐代曾是中国属国，公元862年，樊绰曾任大唐驻安南地方长官幕僚，与安南相邻的云南当时处在南诏国统治下。樊绰注意到"茶出银生城界诸山。散收无采造法。蒙舍蛮以姜椒桂和烹而饮之"。银生城（今景东）是南诏云南的南方重镇，周边哀牢山、无量山等山脉出产原始散茶（很可能是粗放采摘的鲜叶直接晒干或阴雨天在火塘边烤干），统治南诏的蒙舍族人把这种茶与生姜、花椒、桂皮一起煮饮。

宋代时，云南处于大理国统治下，与中原交往更淡。史载大理国有少数几次入贡，贡品中有麝香、毡毯、犀牛皮、刀具、马匹等土特产，但没茶。可能是大理自觉不如大宋茶，就不班门弄斧了？宋朝行茶马法后，西北、西南边境先后设立数处互市边贸点，西南马没西北马高大，交易后不作军马，只充普通运输工具。西南互市着眼点在于安抚当地少数民族，让他们得到需要的中原物品，易马物品不限于茶。南宋失去北方疆域，西北马源严重不足，西南马成为大宋战马主要来源，从中筛选较好的大理马作为军马，因战备重点改变，军马采购量下降不少。云南产茶，对茶的需求远不如西北迫切，西南边贸交换马匹的主要用锦缎珠宝和钱币。

13世纪中后期，大理国被元所灭。元朝统治者向云南派遣驻军和地方长官，大批色目人与部分蒙古人因此移居云南，增添了云南的多元文化色彩。元代官员李京于1301年赴云南公干，两年里走访了云南多地，所著《云南志略》提及金齿百夷"交易五日一集…以毡布茶盐互相贸易"；土僚蛮"田薄少，刀耕火种…常以采荔枝贩茶为业云"。金齿百夷是傣族，五日一次的集市上有毡布茶盐供应，可见茶是需及时补充的生活用品；土僚是当时大量分布于四川宜宾以南、云南昭通以北区域的云南獠人，农耕水平极落后，靠山吃山以采荔枝、卖茶为业。川南、川中汉唐时就有大批僚人入蜀定居，云南僚贩茶可能也会卖到这些地区。

明代中央政权也派出云南地方官员和汉军屯军，此外，陆续有大量汉民以民屯、商屯等形式迁居云南，从事农田开垦和商贸活动。总量可观的明代汉族移民把当时中原先进的农耕技术和文化带到云南，刺激了当地生产力和经济的发展，增强了中原与云南间的文化交流。中原制茶技术和饮茶法也随移民传入云南，引发云南茶史上跨越式的变革。明人谢肇淛（公元1567～1624年）的《滇略》谈到云南茶，他感慨云南不是没有茶，而是土人一直不懂采制之法，不通品饮之道，所以当地历史上虽然有茶（原始土茶），但等于没有茶（采制适于清饮的茶）。

普洱茶一词最早见于明末清初方以智（公元1611～1671年）《物理小识》："普洱茶（也有文本为普雨茶）蒸之成团，西番市之，最能化物"。团饼状的普洱茶助消化功能最好，是藏人采买的大宗。18世纪30年代出版的陆廷灿《续茶经》引《云南通志》介绍云南茶：团茶有元江府普洱山"性温味香"的普洱茶和永昌府的儿茶；散茶有太华山"色似松萝"的太华茶和点苍山感通茶。其中的普洱茶与儿茶应是《滇略》中大宗普茶基础上的升级版。

清代早期统治者保有游牧民族饮食习惯，"最能化物"的普洱茶颇对他们的胃口。大约在18世纪中期，普洱茶正式列入清廷贡茶名录，此举使其声誉大振，产量与产区也随之增长。18世纪晚期至19世纪中期是普洱茶生产的历史高峰，据说当时普洱府（大致包括现在景谷、墨江、宁洱三县和西双版纳州）有数十万

《滇略》中提到的云南好茶和大众茶

福建人谢肇淛17世纪时曾往云南为官，后撰写了《滇略》这本云南风土人情录。他在"产略"篇介绍了两款采制得法的云南好茶：昆明太华茶和大理点苍感通寺茶，前者采于惊蛰雷声初动的三月初，"色香不下松萝，但揉不匀细耳"；后者品质卖相好于太华茶，价格也不便宜。

云南春早，三月初就有春茶可采。当地气候温暖，茶树芽叶肥大，太华茶内质堪比安徽松萝茶，只是外形不太均细，感通寺茶则内质外形更佳。昆明是元代云南首府，大理是南诏和大理国时代的都城，两地的文化经济水平在云南处领先地位，炒青绿茶加工水平也走在前端。

谢接着介绍了云南各界普遍饮用的大众茶："士庶所用，皆普茶也，蒸而成团，瀹作草气，差胜饮水耳"。普茶制法应源自早期明代移民，云南境内高山丛林密布，交通不便，中原市场不流行的旧款团饼茶因运输方便而成为当地主流茶品。这种大众饼茶有草气，不好喝但比白开水有味道。

在描述少数民族生态的篇章中，谢提到湾甸州孟通山出产的细茶品质胜于中原茶。湾甸州即现在保山南端和相邻的临沧北端（大致为昌宁、凤庆、永德、施甸等县部分地区）。该地虽"每至六月瘴疠盛行水不可涉，地不可居"，但土人制作的精细散茶品质超群，说明云南土著还是做得出好茶的。

人进各大茶山采制普洱茶，贩运到周边地区、北京、西藏以及东南亚邻国。彼时运茶主要靠马帮，发往远途市场的普洱茶多制成紧压茶以便运输；纳贡普洱茶种类较多，有细嫩的雨前散茶、谷雨前后采制的紧压团茶和紧压女儿茶、普洱茶熬制的茶膏等等。

普洱茶产销两旺后，税收层层加码。清代晚期，茶农和茶商不堪沉重税赋纷纷另谋他业；六大古茶山地区又遭遇山火，火灾后疫病暴发使更多人加速逃离，普洱生产因此严重受挫。帝制垮台后，普洱茶产量下跌有所回稳，但由于印度与斯里兰卡大规模发展机械化制茶，手工制作的中国茶在外销市场节节败退，中国茶界开始学习探索茶业现代化。云南地区经过二三十年的摸索取得一些进步，开始尝试机械制茶，1939 年还成功创制受国际市场欢迎的滇红。可惜二战战火不久蔓延，云茶出口通路受阻，境内产销因战乱等原因一蹶不振。

展览中的故宫普洱茶（1963 年北京故宫清理库房时发现清代贡茶，总计两吨多，其中有一部分为普洱茶。故宫普洱有一百多年历史，据说专家取样试泡的评语是："汤有色，但茶叶陈化、淡薄"）

中华人民共和国成立后，茶叶生产纳入计划经济，云南优先发展外销滇红和内销滇绿（机械烘青），云南人开始转饮滇绿。传统晒青压制的普洱茶因藏区、香港、东南亚华裔市场的传统需求保留为特种茶生产，交通状况的改善使普洱茶生产、运输周期大为缩短，到达传统市场的普洱茶没了熟悉的味道，需要存放做熟。1974 年研制出渥堆后熟工艺直接生产出具陈化口感普洱。

20 世纪 80 年代，台湾省经济高速发展，全岛兴起茶艺。80 年代中期时，香港市场上积累的一批传统晒青压制的陈年普洱流入岛内，因稀有和口感变化细腻而受追捧。台港商人从中发现商机，投身老茶收藏与交易。90 年代后期，为保障供应，台港茶人、商人陆续到大陆收陈茶、建厂压制晒青生产名为生普的饼茶，囤积做旧图利，后游资进入炒作，大陆商家、民众先后跟进。21 世纪初，普洱茶被炒成稳赚不赔的投资品，全线产品一路狂飙，出现多版一夜暴富的故事，粗制滥造品和赝品也大量鱼目混珠。2007 年 5 月炒作崩盘，市场惶恐性抛售，一些茶品短期价格腰斩。2008 年后市场逐渐恢复理性，消费者回归喝茶主线，关注品质而非盲目囤茶，价格水分被挤掉，普洱茶发展进入理性发展阶段。

中国普洱茶类别

普洱茶现为云南地理标志保护产品。云南省地方标准如此定义普洱茶：普洱茶是以符合普洱茶产地环境条件的云南大叶种晒青茶为原料，按特定加工工艺生产，具有独特品质特征的茶叶。现代普洱茶之所以指定大叶种茶，因其多酚含量高，制成品浓强度够高，陈变后茶味不至淡薄。以下是目前市场上较常见的普洱分类法：

（一）按工艺分有生普和熟普两大类

• 生普：以云南大叶种晒青毛茶压制的普洱紧压茶。通常，新鲜生普存放五年以上可转化为陈化生普，干茶色泽自青绿转棕褐，汤色自黄绿转橙红，口感从收敛刺激转平滑柔顺，出现陈香。

• 熟普：云南大叶种晒青毛茶按渥堆快速陈化法加工的普洱茶，分散茶与紧压茶两类。

新鲜生普直接饮用带晒青茶的日晒香，微有烟气，收敛性强，较苦涩。所谓"越

图解不同普洱茶汤色

新鲜生普（上左图）
陈化中的生普（上右图）
陈化生普（下左图）
熟普（下右图）

陈越香"指陈香，新鲜生普不是无香，只是香气种类不同而已。放置数年但未完全陈化的生普喝起来收敛性降低，烟味稍减，苦涩降低但陈香尚不够。不过，"越陈越香"不是无止境的，受原料、采制、储存条件等影响，生普陈变的速度、品质参差不齐，目前主要还是靠感官审评判断。

新鲜熟普直接饮用茶汤顺滑，陈香明显，稍带渥堆味。通常陈放两年堆味淡化后，更纯和顺口。熟普因加工时已进行后熟处理，长期陈放对口感的影响不如生普明显。

（二）按外形分有散茶和紧压茶两大类

紧压茶有砖、饼、沱、团、蘑菇形（心形）、竹筒茶等众多形态。生普蒸压成紧压茶，因需自然氧化陈变，选料不宜过嫩。熟茶有散茶与紧压茶两类，有些熟普散茶原料细嫩。

（三）按原料分有纯料和拼配料两大类

纯料一般来自知名产地，有明显地域性口感，有些纯料还细分山头、村寨、古树等。拼配料以各地晒青毛茶拼配出目标口感。好的纯料与好的拼配料各有千秋，就像红茶中大吉岭茶和英国早餐茶（English Breakfast Tea）一为产地茶，一为拼配茶，各有其风味。

中国普洱茶品饮

普洱紧压茶无论生熟，品饮前最好要醒茶，醒茶操作请参见"黑茶品饮"醒茶内容。

候汤

冲泡水温见第二章普通泡法水温与时间参考表。具体操作如下：

随手泡凉汤法：

- 细嫩芽叶制作的熟普，随手泡跳闸后稍等数分钟泡。
- 其他生普或熟普，随手泡跳闸直接泡。

量茶

芽茶熟普茶水比1∶60，部分苦味明显的新鲜生普也可1∶60。

其他普洱茶茶水比1∶50。

功夫泡茶水比1∶30。

备注：要视普洱茶陈变具体情况调节投茶量。

择器

（一）生普（新鲜或者陈变中）

1. 单杯泡饮茶具：

- 有盖带内胆瓷杯或釉陶茶杯。
- 中号扁身紫砂壶（约350毫升）+瓷杯或玻璃饮杯（80～120毫升）。

2. 多人泡饮茶具：

- 瓷壶、釉陶壶或玻璃壶与套杯组合。
- 大号扁身紫砂壶+瓷杯或玻璃饮杯（80～120毫升）。

（二）熟普与陈变完成生普

1. 单杯泡饮茶具：

- 飘逸杯（小号）。
- 有盖带内胆瓷杯或陶杯。

2. 多人饮茶具：

- 飘逸杯（大号）+玻璃杯或瓷饮杯（80～120毫升）。
- 玻璃壶、瓷壶或陶壶与套杯组合。

冲泡

（一）通用泡法

1. 生普（新鲜、陈化中或陈化不久）：

- 投茶后冲入一半容量的开水，稍晃几下等3～5秒尽根出汤以洗茶。
- 再注入开水至七八分满，加盖浸泡1～2.5分钟即可。
- 杯泡尽根出汤至饮杯品饮；壶泡尽根斟入公道杯，再分到各饮杯。
- 一般泡饮三四回，每泡尽根。

备注：

- 紫砂壶可修饰生普苦涩味，紫砂壶泡茶水比1∶50。
- 有些较苦涩的生普，可进一步缩短浸泡时间，然后多泡几回。
- 新鲜生普刺激性强，胃弱的人要少喝。可学云南少数民族，喝前把生普在火上烤透后泡，能减少刺激性，产生爽快的高火香。

2. 熟普与陈化已稳定的生普：

- 冲入少量开水温泡茶用具后倒空。

- 投茶后注入约一半容量的开水盖没茶叶，稍晃几下，约 5 秒尽根出汤洗茶。
- 再注入开水至七八分满，加盖浸泡约 30 秒即可。
- 杯泡尽根出汤至饮杯品饮；壶泡尽根斟入公道杯，再分到各饮杯。
- 一般泡饮四五回，每泡尽根。

备注：

- 嫩芽熟普可免温泡茶用具。
- 喜欢浓饮的可适当延长闷泡时间，然后相应减少冲泡回数。
- 陈化生普浸泡时间可随存放时间稍稍延长。
- 十多年以上的陈年生茶，汤色红亮，口感平滑，宜选白瓷茶具或玻璃茶具冲泡亮汤色。

（二）功夫泡法（细嫩芽茶熟普、新鲜生茶、陈变不到位或不稳定的生茶不宜功夫泡）

请参考青茶章节"青茶品饮"内容，并作以下修改：

- 候汤备具：紫砂壶比冲泡青茶要大（350 毫升），如饮者多，换大壶。品茗杯换中、大号。
- 温壶置茶：冲入约 1/3 容量开水温壶后倒空，置茶量少于乌龙茶。
- 洗茶出汤：洗茶时注水约半壶满，略晃动一下，等约 5 秒尽根出汤，洗茶之汤不要倒入品茗杯，直接丢弃。
- 泡茶（不）淋壶：注水时不要高冲，宜低位环斟，注水七八分满即可。不要淋壶，浸泡 10～20 秒出汤至公道杯。

功夫泡一般泡五六回。个人爱好继续泡饮请随意。香港茶楼饮茶常供熟普，一则解腻，二则汤色持续久可免换茶麻烦，三则口味平顺不喧哗，突出港式茶点的风味。也有配菊花降热的普菊茶，陈化生普现价格较高，港式茶楼多不再用。

备注：存放十年以上的生普，功夫泡时紫砂壶宜换飘逸杯或瓷壶，浸泡时间视具体情况稍延。

brief summary | 小结

"一枝独秀不是春,百花齐放春满园",绿红青白黄黑,窨花调味等等,各有各的风味;名优茶也好,普通茶也罢,只要做好品质,都是好茶一杯。某次笔者到上海一家普通街头餐馆吃饭,中国很多饭店都有免费待客茶,品质我们不指望的,大多只是茶片子漱口罢了,也有不少店跟风换成大麦茶。意想不到该店的茶居然是久违的大众炒青,口感居然很不错。这种免费茶进货价不会很高的,但这家店采购的大众炒青却没有粗制滥造,仍保持了应有的标准。购茶人与制茶人的用心值得称赞,中国茶叶发展至今,最被忽视的但非常重要的支柱就是脚踏实地做好品质的态度,品质是一切发展的基础。

茶是中国人喝了几千年的饮料,了解中国茶的历史与现状能帮助我们破除迷信理性喝茶。理智的消费者越多,越有利于中国茶业长期健康发展。掌握一些基本茶学知识,能帮助大家更好发掘和领会茶的不同风味。当然,喝茶最重要的是平常心,让我们牢记中国茶道的精髓在于"道法自然",信任自己的感官本能,持谦虚、开放、自信的心态多多尝试,建立最适合自己的饮茶风格。在喝茶这个问题上,每个人只要有心,都能成为自己的专家和权威。

吃茶去!

www.ingramcontent.com/pod-product-compliance
Lightning Source LLC
Chambersburg PA
CBHW081148230426
43664CB00018B/2847